NOTICE HISTORIQUE

SUR

LIVRON

(Drôme).

PAR L'ABBÉ A. VINCENT,

Membre de l'Institut historique de France.

Publié sous le patronage

De M. le Préfet et des Membres du Conseil général de la Drôme.

VALENCE

IMPRIMERIE DE J. MARC-AUREL.

1853.

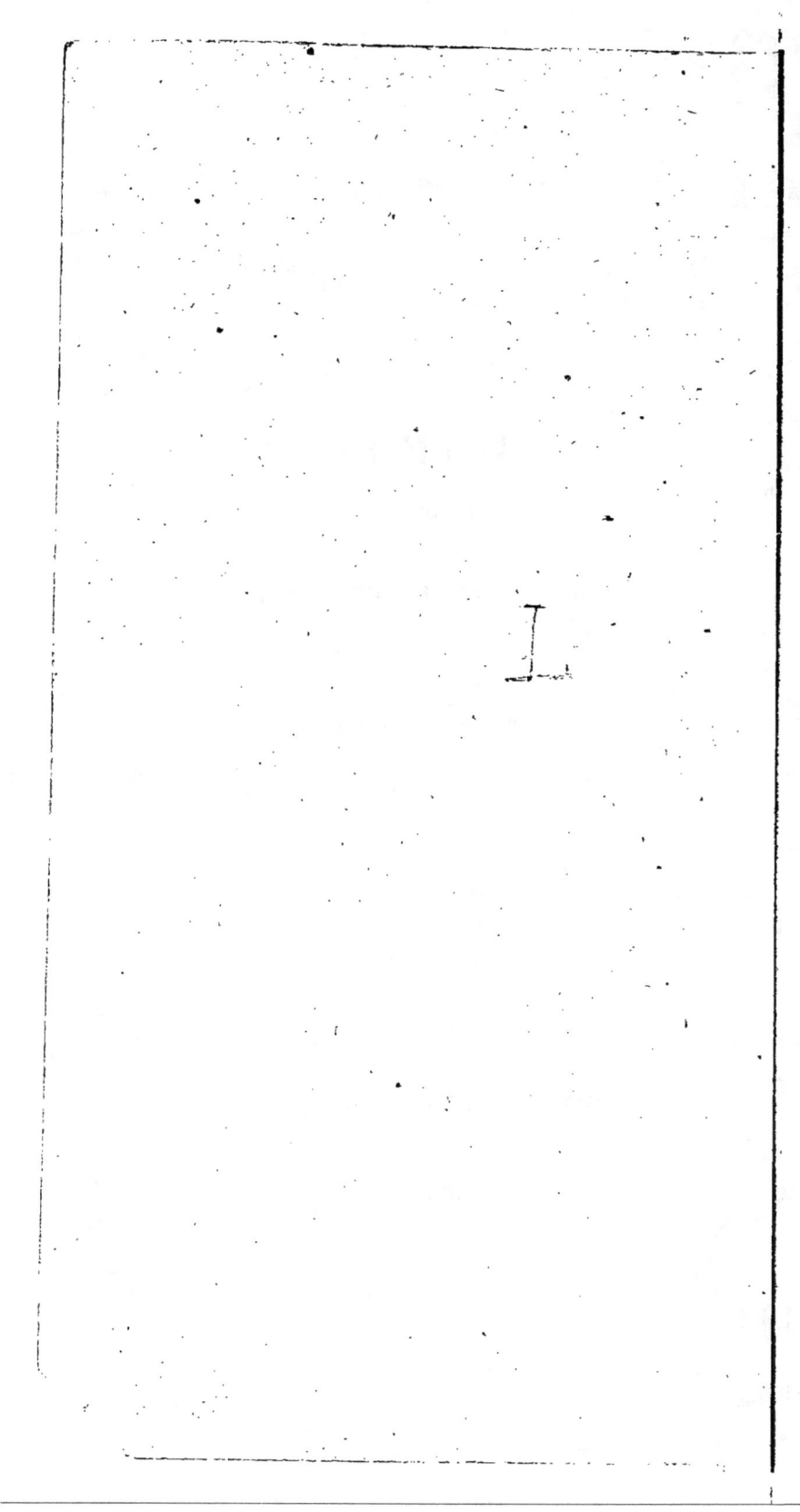

NOTICE HISTORIQUE

SUR

LIVRON

(Drôme).

NOTICE HISTORIQUE

sur

LIVRON

(Drôme),

Par l'Abbé A. VINCENT,

Membre de l'Institut historique de France,

Publié sous le patronage

De M. le Préfet et des Membres du Conseil général de la Drôme.

VALENCE,

IMPRIMERIE DE J. MARC-AUREL.

—

1853.

NOTICE HISTORIQUE

SUR

LIVRON

(Drôme),

PAR L'ABBÉ A. VINCENT,

Membre de l'Institut historique de France.

L'histoire des châteaux et des bourgs qui ont existé avant le moyen-âge est pleine d'incertitude et d'obscurité : tenter de découvrir leur origine, c'est se jeter dans le vaste champ des conjectures : il est vrai que la curiosité et l'amour-propre peuvent y trouver un aliment; mais tout ce que l'imagination produit de plus brillant et de plus flatteur ne servira jamais de jalons pour quiconque est en quête de la vérité.

C'est à peine si les chroniques jettent un peu

de lumière sur la nouvelle période qui s'ouvre à l'établissement de l'empire de Charlemagne. Les évènements qu'elles signalent comme s'étant accomplis dans nos bourgs et nos petites cités sont dépourvus d'intérêt, et les documents qui pourraient leur donner du charme et de l'attrait par une plus grande extension dans les détails sont rares, mutilés et incomplets. Cependant en fouillant dans les dépôts publics, dans les archives locales, l'investigateur patient et courageux parvient à découvrir çà et là des faits ignorés qui, reliés ensemble, composent un tableau où apparaît toute entière la vie de nos pères avec leurs mœurs, leurs habitudes, leur gloire et leurs souffrances. Quelques stériles que soient les recherches de l'antiquaire, elles ne demeurent jamais sans résultat au point de vue historique ; à lui donc d'évoquer des souvenirs toujours chers et précieux ; car cette étude des temps passés entraine avec elle de pures jouissances et d'utiles renseignements.

Livron est désigné dans les ouvrages anciens, dans les cartulaires et les vieux titres sous le nom de *Libero, castrum de Liberone.* Je laisse à ceux qui s'occupent de la science si incertaine, si confuse de l'étymologie, le soin de nous indiquer celle de Livron en latin *Libero.* Quelques auteurs mettant à profit l'excellente qualité des vins de Livron et notamment de ceux de *Brézème*, ont avancé que *Libero* vient de *Liber Bachus.* D'autres abandonnant une opinion qui se rattache au culte du vieux silène divinisé par les payens, en émettent une seconde tirée de sa position topographique ; ils font venir *Libero* de *Libra rodhani*, une lieue du Rhône. Mais que devient cette étymologie, si comme tout porte à le croire, le Rhône coulait autrefois aux pieds du côteau de Livron ? car on montrait naguère d'énormes anneaux fixés au bas de Livron et dont la destination était sans doute, d'amarrer les barques des pêcheurs et des mariniers qui fréquentaient ce fleuve. Livron tire naturellement son nom de la nature même de sa position ; en langue celtique, *Li* signifie *eau* et *bron* rocher. Voilà l'origine que lui donne M. Bullet. Quoiqu'il en soit de ces conjectures plus ou moins vraisemblables sur l'étymologie de *Libero*, on ne peut refuser à ce bourg une origine qui date de fort loin. La tradition en fait une ville romaine ; mais une critique sévère et judicieuse ne se laisse point aller aux illusions de la vanité et du patriotisme ; il lui faut autre chose que des probabilités pour donner son assentiment à un fait. Cependant en l'absence d'un document positif, elle doit tenir compte de certaines circonstances qui donnent à la tradition locale toutes les couleurs de la vérité. La position si belle, si avantageuse de Livron, sa proximité de la Drôme et du Rhône, ont dû fixer l'attention des Romains ; de nombreuses médailles trouvées dans les environs, la grande voie domitienne d'Arles à Vienne en passant au bas de Livron, sont autant de témoignages en faveur de ceux qui veulent voir dans Livron un camp romain où vinrent se grouper dès le principe, quelques familles composées d'indigènes destinés à la culture des terres, et de vétérans laissés là pour défendre le pays contre les incursions des Arvernes.

Le territoire de Livron a souvent été traversé

par les légions qui allaient combattre les Barbares et soumettre les Gaules. Des débris de tombeaux attribués, je ne sais pourquoi aux Sarrazins, des fragments d'armes anciennes attestent aussi que Livron fut habité par le peuple-roi, et qu'il vit s'accomplir aux premiers jours de son existence de grands évènements résultant du choc d'armées formidables agissant et se mouvant, tantôt par le sentiment de la gloire des conquêtes, tantôt par ce puissant instinct de défense que réveilleront toujours le foyer menacé et la terre natale envahie par l'étranger.

Raconter comment ce camp romain se modifia, se transforma en petite ville, dire son accroissement, ses diverses phases d'infortune et de prospérité, n'est pas du domaine de l'histoire ; car ce travail s'est opéré dans l'ombre et nul ne peut en faire le récit. Jusqu'au moyen-âge un voile mystérieux, impénétrable, que jamais chroniqueur n'a soulevé, s'étend sur ses destinées et sur le rôle qu'elle a pu jouer. Bien grande est la lacune ; mais ne pouvant la combler, il faut la subir et porter toute son attention vers ces temps plus rapprochés de nous, où la lumière commença à se faire. Ce n'est qu'au XIIe siècle que Livron apparaît sur la scène, mais ce n'est point à l'état d'embryon ni à l'âge de son enfance ; semblable à un chevalier bardé de fer entrant en lice, la visière abaissée et la lance au poing, il se montre puissant, plein de vie, dans tout son développement social, hérissé de tours et de remparts crénelés, abritant une population forte et revêtu, en un mot, de tout ce qui peut constituer un lieu remarquable et important.

Le deuxième royaume de Bourgogne, fondé en 879, s'en allait en lambeaux entre les mains débiles des successeurs de Boson. Les feudataires s'érigèrent en souverains : chaque seigneur voulut agrandir son héritage et s'empara, sans trop de difficulté, de tout ce qui était à sa convenance. Les prélats de la province viennoise se convièrent d'eux-mêmes au partage et mirent la main sur les terres qui avoisinaient la ville épiscopale. De cette époque de faiblesse et d'anarchie datent ces comtés, ces principautés, ces baronnies, qui composaient autrefois le Dauphiné; de là date aussi la puissance temporelle des évêques de Valence. Livron était comme le joyau de leur couronne comtale; c'était là qu'ils se retiraient lorsqu'ils avaient maille à partir avec les sires de Poitiers, leurs éternels rivaux; c'était là qu'ils allaient se reposer des fatigues d'un ministère, d'autant plus laborieux, qu'au soin des âmes se mêlaient le fardeau et la sollicitude des affaires temporelles; et l'on sait qu'en ce temps de perturbations, la guerre était un état normal. Des mœurs douces, un caractère sacré, des habitudes pacifiques puisées dans le cloître ou au sein de la retraite, n'étaient pas une barrière suffisante pour arrêter les attaques d'un voisin jaloux ou les mutineries d'une ville inquiète et turbulente telle que l'était Valence; aussi était-ce le besoin de se défendre et de se soustraire au danger, plutôt que le désir du repos qui amenait les évêques de Valence dans les murs de Livron.

Vers l'an 1157, Eustache occupait le siège épiscopal de Valence. Il sortait d'une haute famille où il avait contracté des habitudes guerrières peu en harmonie avec ses fonctions ; libéral, magnifique, flatté des grands, il s'était aliéné le cœur des Valentinois ; le mécontentement prit un tel caractère d'irritation que le peuple forma le projet de le déposséder. Jean, abbé de Bonnevaux fut appelé à prendre sa place ; ses vertus, sa sainteté, ses manières douces et affables formaient un contraste frappant avec la fierté et le ton résolu d'Eustache. Cependant malgré la vive opposition que soulevait sa conduite, il était loin de céder à l'orage et de se rendre aux menaces du *populaire*. Toutefois le saint abbé Jean lui succéda ; mais les chroniques ne nous disent pas de quelle manière le siège devint vacant, si ce fut par la mort ou par la démission forcée de son rival. La tempête n'était point appaisée ; car Eustache avait laissé des partisans qui pour le venger ne cessèrent de molester son successeur. Celui-ci, pour se dérober à leurs violences et à leurs attaques, s'était retiré dans le château de Livron ; là, du moins, il était en sûreté et à l'abri de la fureur de ses ennemis ; son séjour à Livron s'étant assez prolongé pour donner aux passions haineuses le temps de se calmer, il crut devoir en sortir ; mais à peine avait-il franchi les murs de l'enceinte, qu'un corps d'assaillants composé des amis d'Eustache se jeta sur lui et sur les personnes de sa suite ; son courage et son sang-froid le firent sortir triomphant de ce honteux guet-apens, dressé contre toutes les lois de la guerre et en-dehors de toute loyauté (1).

Le Valentinois relevait des empereurs d'Alle-

(1) *Histoire du Dauphiné*, tom. 2, page 51.

magne, héritiers du royaume de Bourgogne, c'est pour cela que nous les voyons intervenir dans les faits et gestes des Dauphinois ; mais leur action ne s'exerçait plus que sur la stérile formalité de l'hommage féodal. Déchus d'une puissance à jamais perdue, ils se contentèrent de confirmer par des chartes un démembrement qu'ils n'avaient pu empêcher ; aussi les voyons-nous octroyer des terres et des fiefs sur lesquels ils n'avaient aucun pouvoir réel. Frédéric Ier, par lettres patentes datées de Besançon, pour se ménager les apparences de la haute suzeraineté, cède à Odon, évêque de Valence, le château de Livron en 1157. Cette gracieuseté royale et impériale n'ajoutait rien au pouvoir temporel des évêques déjà consacré par une longue possession incontestée ; elle ne servait qu'à mettre en évidence la faiblesse de celui qui l'accordait ([2]).

Les rapports créés par le vasselage et le sentiment d'une protection puissante et efficace liaient étroitement les habitants de Livron aux évêques de Valence. Cependant des émotions populaires, des troubles et parfois de graves difficultés surgissaient de la nature même de ces relations formées par la féodalité. Alors survenait une transaction, et le mouvement, provoqué par des intérêts froissés ou par des charges trop onéreuses, faisait place à un silence qui indiquait plutôt la résignation que le contentement. En 1521, les habitants de Livron obtinrent de Guilhaume de Roussillon, évêque de Valence, une charte qui consacrait, il est

([2]) *De rebus gestis epis, Val. per Columbi* page 24.

vrai, ses droits sur le four banal; mais elle avait pour but de mettre un terme aux exactions du fermier. Le prélat renonce aux revenus du four moyennant une somme de 56 livres payée annuellement à son châtelain (1).

La puissance des évêques de Valence faisait ombrage aux comtes de Valentinois; ce n'était pas sans dépit qu'ils la voyaient chaque jour s'accroître et se développer; de là, ces longues inimitiés et ces guerres sanglantes qui éclatèrent entre les comtes et les évêques durant une période de plusieurs siècles. On ne saurait évaluer les maux qui pesèrent alors sur nos contrées. Les petites armées des deux rivaux ne pourvoyaient à leur subsistance, pendant la campagne, que par la force, la crainte, le pillage et l'incendie. Voici un épisode de ces funestes démêlés qu'entretenaient la vengeance, la jalousie et une ambition sans frein et sans mesure : Pierre de Châtelux, évêque de Valence, soutenait contre Aimar de Poitiers une guerre vive et acharnée, dont les conséquences ne tournaient ni à sa gloire, ni à son profit. Il fut vaincu près de Crest; plusieurs de ses terres les plus importantes se virent envahies par ses adversaires. De ce nombre fut Livron. Le seigneur de Claveyson qui avait pris parti pour le comte de Valentinois se mit à la tête d'une bande indisciplinée et vint incendier le village de Montélier; de là, il se jeta sur le territoire de Livron qu'il mit à feu et à sang. L'histoire ne dit pas qu'il se soit emparé du château; mais les troupes qui le gardaient ayant été considérablement réduites

(1) *Id.*, page 181.

pour faire face à celles d'Aimar, n'auraient pu tenir la campagne contre un agresseur soutenu par des forces supérieures. Des maisons renversées, les arbres coupés, les récoltes détruites et enlevées, le tenancier massacré, telle était le spectacle qu'offrit le mandement de Livron en 1347, après la glorieuse expédition du seigneur de Claveyson (1).

L'année suivante le transport du Dauphiné à la couronne de France allait se consommer à Romans; mais ce changement ne pouvait s'opérer sans soulever le mécontentement de la noblesse et des seigneurs. Pour empêcher la conclusion d'un traité qu'ils regardaient comme attentatoire de leur liberté et de leur indépendance, quelques gentilshommes formèrent le hardi projet d'enlever Pierre de la Forest, chancelier du duc de Normandie, que le dauphin Humbert II constituait l'héritier de ses états. Comme il franchissait le pont de l'Isère avec une suite nombreuse pour respirer l'air et se répandre dans les campagnes de Pizançon, Rebutel de Chabrillan, Artaud de Chabrillan, Reymond d'Eurre et quelques autres seigneurs du voisinage, profitèrent de cette occasion pour s'emparer de sa personne. Le succès le plus complet couronna une entreprise si audacieuse : l'infortuné chancelier fut conduit de force dans un château du Valentinois, dont le nom nous est resté inconnu. L'alarme se répand aussitôt dans Romans : des troupes sont envoyées pour délivrer le malencontreux promeneur. Ses ravisseurs redoutant une vengeance éclatante l'abandonnent

(1) *Histoire de Dauphiné*, tome 2, page 524.

et prennent la fuite. De Chabrillan et Jordan d'Eurre se présentent devant Livron où ils sont reçus, grâce au dévouement de l'amitié et peut-être à la terreur qu'ils inspiraient. La justice avec son cortége d'officiers, de sergents et de recors, les poursuivit jusque dans cet asile qu'ils croyaient inviolable : on les arrêta ; mais soit en considération de leurs services passés, soit pour d'autres motifs demeurés secrets, ils furent bientôt relaxés. (2).

La population de Livron était accoutumée à ces sortes d'événements, et c'était avec indifférance qu'elle les voyait s'accomplir ; car ils ne touchaient pas à ses intérêts, ni à ses habitudes de travail. Ce spectacle de hauts et puissants seigneurs se retirant dans ses murs crénelés, lui était donné assez souvent pour que l'artisan et le *manant*, toujours besoigneux, abandonnassent leurs labeurs, entraînés par un sentiment de curiosité, de sympathie et d'attachement. L'an 1425 vit se reproduire à Livron un fait analogue à celui que je viens de raconter. La ville de Valence était en grand émoi par suite des accusations qu'on venait de soulever contre Jean de Poitiers, évêque de cette ville : il avait été gouverneur du Comtat-Venaissin et revêtu de hautes dignités par l'empereur d'Allemagne. Le duc de Savoie, alors vicaire de l'empire, jaloux des talents qu'avaient déployés le prélat dans son habile administration, lui reprocha d'avoir abusé de son pouvoir et d'en avoir fait un marche-pied pour satisfaire son ambition personnelle ; de perfides agents colportèrent ces

(2) *Id.*, page 550.

accusations mensongères et parvinrent, à grands renforts d'intrigues et de calomnies, à le perdre aux yeux des Valentinois. Ceux-ci, toujours disposés à secouer le joug épiscopal, se font une arme des allégations du duc de Savoie : l'irritation pénètre tous les esprits, et se traduit bientôt par un mouvement tumultueux qui avait tous les caractères de la révolte. Le prélat, innocent, mais trop faible pour lutter, sort de Valence et se retire précipitamment à Livron. Là, du moins, il était en sûreté. Cette affaire eut dans le Valentinois et dans le Dauphiné un retentissement et un éclat qui ne servirent qu'à glorifier le prélat méconnu et indignement outragé ; car, pendant qu'il résidait à Livron, l'empereur lui dépêcha Nicolas Calmaistre pour connaître ses prétendus crimes ; la justification était facile ; le ban qui le proscrivait des terres de l'empire fut aussitôt levé : on proclama son innocence, et un jugement solennel de réhabilitation lui prépara un retour glorieux dans la ville épiscopale. Jean de Poitiers aurait pu se venger en châtiant les calomniateurs et les rebelles ; mais n'écoutant que le sentiment de la clémence, il pardonna aux coupables et, pour mieux les assurer de ses bonnes dispositions à leur égard, il accorda de nouvelles franchises aux habitants de Valence [1].

L'année suivante, le château de Livron s'ouvrit encore à un personnage célèbre fuyant devant un orage imprudemment excité. Geoffroi Boucicaut, frère du Maréchal de France, avait beaucoup de terres en Provence qui furent pour

[1] *Columbi*, 181.

lui une occasion de manifester cette humeur guerrière qui le consumait et dont il cherchait la satisfaction, trop souvent au détriment de la justice et du droit. Ne prenant conseil que de son ambition et de ses instincts belliqueux, il réunit en 1426 un corps de troupes considérable, se jeta traîtreusement sur Vaison et s'en empara; de là il se répandit dans le Comtat-Venaissin dépendant alors du pape Eugène, semant partout l'épouvante et la mort. Pareille campagne appelait sur son auteur une vengeance aussi prompte que terrible. En effet, le gouverneur du Comtat marcha à sa rencontre, le défit et le força à prendre honteusement la fuite; vaincu, repoussé et poursuivi, il se retira à Livron avec les débris de ses troupes, espérant que Jean de Poitiers, dont il avait épousé la nièce, ne se joindrait pas à ses ennemis pour achever sa perte en lui refusant un asile sur ses terres. Le Pontife romain, par considération pour l'évêque de Valence, envoya Jean de Réat auprès de Boucicaut avec la mission de lui offrir une paix honorable et avantageuse (¹).

Le régime municipal introduit dans les Gaules, sous la domination romaine, fut anéanti par l'invasion des Francs et des Bourguignons : il n'entrait pas dans l'esprit de la féodalité de le faire revivre ; c'eût été lui demander un suicide. Mais malgré toutes les entraves qui pesaient sur lui et le transformaient en régime fiscal et souvent tyrannique, il survivait et se manifestait par des émotions populaires qui trahissaient hautement le besoin de

(¹) *Id.* page 185.

l'affranchissement et du bien-être. Quelques seigneurs favorisèrent ce mouvement par l'octroi de nouvelles franchises et libertés. Les habitants de Livron mus, eux aussi, par l'impulsion vitale qui ébranlait les cités et les gros bourgs, travaillèrent à obtenir des évêques de Valence une amélioration dans leur position sociale. Jean de Poitiers, cédant à des vœux aussi légitimes, leur donna une charte datée de l'an 1429. Cet acte solennel leur accorde plusieurs immunités, dont la plus réelle était l'exemption des frais de notariat devenus très-onéreux pour eux. Ces franchises et priviléges étaient motivés par le tableau que l'on avait fait au prélat des souffrances de la communauté de Livron. La peste en plusieurs circonstances avait cruellement sévi sur la population ; elle se trouvait donc amoindrie, et chaque foyer n'offrait plus que l'image de la douleur et d'une pauvreté que les dernières guerres avaient poussé jusqu'aux plus extrêmes limites (2).

Tels sont les faits qui se rattachent à l'histoire de Livron durant la période du moyen-âge. Ses annales, on vient de le voir, manquent de cet intérêt profond que réveille toujours en nous le récit de grands événements. Il dut toute sa célébrité aux fortifications qui composaient son enceinte primitive, et à la citadelle qui couronnait orgueilleusement le coteau sur lequel il est assis. Des jours d'épreuves, des années de troubles et d'agitations, allaient se lever pour lui et le dédommager tristement du silence et de l'obscurité où jusque-là avaient vécu ses habitants ; mais

(2) Archives de Livron.

n'anticipons pas sur ces faits; car avant d'en faire le narré, il est nécessaire d'exposer ce qui constituait Livron au moyen-âge, de dire ses institutions, ses établissements publics, sa vie et son organisation intérieures. Cet exposé, bien que concis, nous fera oublier la pauvreté de ses souvenirs historiques, et à défaut d'actions glorieuses et éclatantes, servira à mettre en évidence toute l'importance qu'avait Livron avant l'époque de la Réforme..

Livron comptait à juste titre parmi les meilleures places fortes du Dauphiné. Une ceinture de remparts flanqués de tours protégeait la petite cité; mais là ne se bornaient pas ses moyens de défense; un formidable donjon entouré, lui aussi, d'une enceinte très-vaste, s'élevait au point culminant du coteau, et dominait d'un côté la vallée de la Drôme et de l'autre la route de Marseille; trois portes munies de barbacanes et de ponts-levis donnaient entrée dans livron; la porte de la Fontaine au nord, la porte du Chenal et celle d'Ampech au couchant. Aujourd'hui que l'art militaire s'est modifié, aujourd'hui que de tristes décombres attestent seuls l'antique splendeur de Livron, on ne peut se faire une idée bien juste de l'aspect à la fois imposant et guerrier sous lequel apparaissait dans le lointain cette cité, de nos jours obscure et peu connue. Une tour solitaire est encore debout au milieu des ruines comme une sentinelle qu'on a oublié de relever : demeurant d'un autre âge, elle proteste contre l'oubli des hommes et les ravages du temps; on l'appelle *Tour du Diable*. Il y a dans ce nom, un je ne sais quoi, qui pique la curiosité, provoque l'attention et intéresse l'imagination au plus haut degré. Pour s'en rendre compte, il faut avoir recours à la légende, cette poésie de l'histoire qui embellit toute tradition et lui donne une teinte religieuse et chevaleresque. Nos pères, dont les idées étaient moins prosaïques, aimaient à peupler les ruines, les antres, les forêts profondes, les manoirs gothiques de fées et de génies mystérieux. Le château de Livron, s'il faut en croire Gervais de Tilesbery et Berchorius, était habité par des êtres surhumains qui se réservaient à eux seuls la garde de la forteresse. Lorsque bravant la croyance populaire, on introduisait vers le soir un soldat pour faire le guet, toute la ville était en émoi ; chaque famille réunie près du foyer devisait dans l'attente d'un événement extraordinaire, sur des récits merveilleux, sur les faits et gestes opérés par les hôtes invisibles du château. Au lever de l'aurore, le soldat était aperçu aux pieds de la tour, et cependant les portes étaient closes ; c'est qu'une fée, le frappant d'un doux sommeil peut-être, l'avait transporté hors de sa demeure sans secousse et sans dam ; il n'avait rien vu, rien entendu. Voilà ce qui se racontait dans tous les castels, comme dans les plus humbles manses du Dauphiné ; voilà ce ce qui, au XIIe et au XIIIe siècle, entourait le château de ce prestige de puissance qui éloignait de lui toute attaque et toute surprise. Sous le voile de cette fable et de cette poétique tradition, il ressort une vérité, c'est que le château de Livron, constitué comme il l'était, semblait imprenable aux yeux des plus habiles et des plus courageux capitaines des temps féodaux.

Si les fortifications de Livron garantissaient

ses habitants contre toute tentative d'envahissement, il existait dans son sein des institutions qui, par leur nature, tendaient à répandre le bien-être, à protéger la tranquillité intérieure et à satisfaire à tous les besoins. Un châtelain rendait la justice au nom de l'évêque de Valence demeuré haut-justicier de Livron jusqu'à la Révolution de 89. Plus tard, on lui adjoignit deux magistrats appelés *consuls*, qui veillaient, soit à la sûreté publique, soit à la perception des tailles et des impôts. Lorsque sous l'action des idées libérales qui prenaient chaque jour un nouvel essor, on eût créé un conseil composé des représentants de chaque corporation et de plusieurs syndics pour les forains, les réunions avaient lieu dans une maison désignée sous le nom de *maison consulaire*. C'était là que, convoqués de vive voix par un sergent de ville, les membres du conseil délibéraient sur les intérêts de la communauté.

Un établissement bien digne de fixer l'attention, parce qu'il témoigne que ce n'est pas d'aujourd'hui qu'on s'occupe du sort des pauvres et des souffreteux, c'est l'hôpital. Il était bâti au midi et en-dehors des murs, pour recevoir les *ladres* et pestiférés. Le terrible fléau avait éclaté plusieurs fois à Livron : des âmes généreuses, émues au spectacle de douleurs non soulagées, de souffrances méconnues, léguèrent des censes, des biens, des maisons pour procurer un asile aux victimes de l'épidémie ; de là l'origine des *maladreries*. L'hôpital de Livron remonte au XIVe siècle. Les pauvres de la paroisse eurent aussi au moyen-âge leur part des libéralités qu'inspirait une foi vive et ardente. Chaque tes-

tament contenait un don, un legs en leur faveur.
Les ressources des pauvres étaient si considérables à Livron qu'on choisissait, à des époques périodiques, deux des principaux habitants pour les administrer, sous le nom de *procureur* et de *recteur* des pauvres. Les besoins de la classe indigente se trouvaient donc ainsi satisfaits : refuge pour les pestiférés, asile pour la vieillesse et la maladie, secours à domicile, rien de ce qui pouvait améliorer son sort n'avait été oublié. En est-il de même aujourd'hui? Revenus, hôpital, biens des pauvres, tout cela disparut pendant les guerres de la Réforme. Le nom d'hôpital, conservé au quartier dans lequel il s'élevait, témoigne seul à la génération actuelle des sages institutions du passé.

A l'instar des villes importantes, Livron possédait, avant les guerres civiles du XVIe siècle, une halle pour les grains, des marchés, des mesures en pierre; son horloge établie sur un beffroi particulier est d'une date postérieure à ces établissements. Plusieurs foires octroyées et confirmées par maintes lettres patentes, lui donnaient encore une importance et une vitalité qu'il a perdues peut-être à tout jamais.

L'ancienne église paroissiale portait le vocable de saint Prix, en latin *Præjectus* Ce saint pontife naquit à Clermont vers l'an 610 et mourut martyr, après avoir donné pendant sa vie le spectacle des plus héroïques vertus : aussi fut-il vénéré par les populations qui se portaient en masse à son tombeau; partout s'élevaient des chapelles, des églises consacrées en son honneur. Ce fut pour répondre à ce mouvement de foi et de confiance qu'une belle et vaste église fut construite à Livron et dédiée à saint **Prix**. Elle avait dans son ensemble l'ornementation admirable qui caractérise les églises gothiques ; cependant on remarque encore aujourd'hui, sur les débris du vieil édifice, des restes de peinture et certaines formes qui accusent l'époque romane ; ce qui donnerait lieu de croire qu'elle fût élevée sur une ancienne église dont la date remonterait très-haut et serait antérieure au style ogival.

La splendeur de l'édifice sacré et plus encore la dévotion au saint dont il portait le nom, en firent bientôt un but de pélérinage vers lequel s'acheminaient en foule les populations du Valentinois. La pensée qui les animait se traduisit bientôt par des legs et de nombreuses fondations. Le curé ne pouvant suffire aux exigences du service divin appela près de lui un grand nombre de prêtres, auxquels un riche casuel et d'abondantes offrandes assuraient un entretien honorable et même opulent. Un procureur syndic procédait à la distribution des biens et revenus de l'église de Saint-Prix, entre les divers membres de son clergé. Chaque prêtre agrégé assistait au chœur revêtu du surplis, ce qui leur fit donner le nom de *choriers*. Vers l'an 1500, on comptait à Livron quatorze prêtres, non compris le curé et six clercs, formant une communauté assujettie à une règle. Le service divin était célébré à St-Prix avec la même pompe et le même éclat que dans les églises collégiales : chaque jour, on chantait deux messes solennelles, matines, vêpres et toutes les heures canoniales. Les chapelles fondées dans l'église de St-Prix et dans le mandement rendaient nécessaire un clergé si nombreux ; elles étaient au nombre de quatorze ayant toutes leur recteur et des revenus particuliers ; leurs titres étaient ceux de Ste-Croix, de Ste-Catherine, de St-Jean-Baptiste, de St-Eustache, de St-Thomas, de St-Georges, de St-Michel, de St-Laurent, de Ste-Anne, de St-Blaise, de St-André, de St-Vincent, de Ste-Magdeleine, et enfin de St-Jean-de-Fiancaye.

En-dehors de ces chapelles ou oratoires disséminés çà et là, il existait un prieuré à St-Genis dont l'abbesse de Soyons était prieure. Mais si ce titre lui donnait droit aux dîmes, les archives et les cartulaires nous apprennent qu'elle était redevable de trois sétiers de blé au curé de Livron. L'église de St-Prix, dépendant de St-Apollinaire de Valence, était le plus souvent desservie par un membre du Chapitre qui, à à raison de l'importance de cette paroisse, jouissait encore des honneurs et prérogatives attachés à l'archiprêtré. De nos jours, on a dit que la communauté des prêtres de Livron formait une collégiale : cette assertion me paraît fort controversable ; car, comme je l'ai dit, ils ne portaient que le surplis au chœur ; or, dans les églises collégiales, les prêtres choriers se revêtaient du costume qui distingue les chanoines des autres membres du clergé [1].

Le clocher actuel de Livron est assis sur les ruines d'un antique édifice, dont la destination ne peut-être fixée d'une manière certaine. Cependant ces arceaux, ces fragments de nervures, cette configuration d'une enceinte que l'on suit

---

[1] Archives de la Fabrique de Livron

à la trace des fondations, semblent se rattacher à l'existence d'une église démolie, elle aussi, avec tous les monuments de la foi de nos pères, par ceux qui avaient pris pour devise : *Ruine et dévastation.*

D'après cet exposé de l'état de Livron avant le XVIe siècle, on peut conjecturer que ce bourg vivait dans des conditions de force, de puissance et de prospérité. Un commerce favorisé par sa position sur la route de Marseille, les produits d'un sol fécond et très-étendu, devaient attirer beaucoup de familles et faire de Livron un centre de mouvement, d'où découlait pour tous ses habitants l'aisance et le bien-être; aussi sa population s'élevait à un chiffre très-élevé relativement à celui de la population actuelle; des documents très-authentiques ne laissent aucun doute là-dessus. Vers l'an 1525, on comptait dans Livron 1,200 familles; hors des murs, éparse dans la campagne, se mouvait encore une population nombreuse qui ne pouvait qu'ajouter à la position florissante de ce lieu.

Placé entre Montélimar et Valence, Livron était devenu comme un point de halte où le voyageur s'arrêtait pour se reposer. Maints personnages appartenant à toutes les classes de la société, manants, pélerins, chevaliers, prélats, trouvaient dans Livron un asile hospitalier; aux uns la modeste hôtellerie, aux autres les vastes salles du château. Parmi les hôtes illustres qui ont séjourné dans ce lieu, figurent des princes, des rois et des papes. La présence de tant d'étrangers donnait à Livron une vie, une animation qui tournait au profit de tous; mais ce bien-être s'affaiblissait toutes les fois que les communications étaient interrompues par les inondations et les débordements de la Drôme. Pour mieux assurer ce passage si fréquenté, on construisit un pont en pierre tombé en ruines vers l'an 1516. Celui qui le remplaça fut à son tour emporté; les relations se multipliant et le commerce ayant pris chaque jour plus d'extension, la ruine de ce pont fut envisagée comme un malheur public. On s'en émut en Dauphiné et dans les provinces voisines ; les intérêts généraux étaient compromis. Les habitants de Livron, sachant que de la construction d'un nouveau pont dépendaient pour eux les plus précieux avantages, s'imposèrent de grands sacrifices; mais réduits à leurs seules ressources, ils ne pouvaient faire face aux dépenses qu'entraînait un travail de cette importance. La religion vint en aide à son budget : l'évêque de Maguelonne, le cardinal Guillaume, archevêque de Narbonne, Claude de Tournon, évêque de Viviers, et Pierre, archevêque d'Aix, puisèrent dans les trésors spirituels de l'Eglise et accordèrent des indulgences à tout chrétien qui contribuerait à la dépense du pont. Grâce au produit des quêtes et des offrandes, la communauté de Livron vit se terminer en 1545 cette œuvre colossale à laquelle s'étaient intéressées toutes les provinces du midi de la France. Le nouveau pont dirigé peut-être par une de ces confréries de *pontifes* ou *pontistes* qui rendaient de si grands services au moyen-âge, paraissait construit avec des conditions de solidité propres à lui assurer une longue existence. Cependant il fut emporté vers le milieu du XVIIIe siècle par une de ces crues subites de la Drôme dont la violence n'avait causé jusque-là tant de pertes et de ravages, que parce que son lit n'était ni assez profond ni assez encaissé.

Le gouvernement de Louis XVI, alarmé des conséquences de ce sinistre, fit élever en 1774 le beau et magnifique pont que l'on admire aujourd'hui. Les levées qui le protègent en amont et en aval, ses dimensions, sa hauteur et sa décoration, en font un chef d'œuvre d'architecture. L'arche du milieu est large de 84 pieds; les deux autres présentent une ouverture de 78 pieds. Cet ouvrage remarquable est dû au talent de l'ingénieur Boucher (1).

Si les anales de Livron ne nous ont offert que des fragments historiques, que des faits isolés et sans intérêt pour l'esprit et l'imagination toujours en quête du merveilleux; le cœur se repose doucement au spectacle que nous présente la vie obscure, mais calme et heureuse de ses habitants. Le coup d'œil rapide que nous venons de jeter sur ses institutions municipales, sur son organisation intérieure, nous a montré combien il y avait dans son sein d'éléments vitaux, de principes de force, d'aisance et de bien-être. Maintenant nous allons entrer dans une période où la paix et le bonheur vont faire place à l'agitation, aux discordes et à des scènes de violences qui répandront le deuil et la perturbation dans toutes les familles. Mais avant de commencer le récit des évènements qui ont donné à Livron une si triste célébrité, quelques réflexions sont nécessaires pour préparer le lecteur aux drames sanglants dont il va être le témoin, et l'initier plus profondément aux résultats à

(1) *Statistique de la Drôme*, par Delacroix, art. Livron

jamais déplorables de cette époque qu'on a si bien caractérisée en l'appelant : *Troubles de la Réforme.*

Les dogmes novateurs de Calvin commencèrent à s'introduire à Livron un peu avant l'année 1560. Ses habitants accueillirent sans trop de défiance ces funestes doctrines qui, si longtemps, allaient troubler leur repos ; curieux d'abord, puis enthousiastes néophytes, ils ne tardèrent pas à devenir plus tard, comme nous le verrons, de fanatiques sectateurs. Les premières prédications eurent lieu à huis clos, dans l'ombre et le silence de la nuit. Un souterrain abandonné, un bois désert, tel fut le premier rendez-vous choisi pour propager les aberrations religieuses d'un moine apostat. Le mystère le plus profond enveloppait ces réunions nocturnes ; peu de personnes y étaient admises ; mais bientôt le secret en fut divulgué par les adeptes eux-mêmes, sans toutefois appeler la répression de la part de l'autorité. Cependant les conciliabules étant plus fréquents, il y eut dans la cité comme une rumeur, expression de faveur chez les uns et d'indignation chez les autres. On adopta des mesures prohibitives mais insignifiantes, qui loin d'arrêter la propagande, ne firent qu'accroître le zèle et la ferveur de ceux que catéchisaient les émissaires de Calvin, avec un dévouement et une persévérance dignes d'une meilleure cause. Les rangs des catholiques s'éclaircirent par de nombreuses désertions. La classe pauvre toujours facile à égarer ne fut pas la seule où se recrutèrent les novateurs ; on vit plusieurs notables de la petite cité, entraînés par l'orgueil et la cupidité, ces deux auxiliaires de toute révolution, passer honteusement sous la bannière de l'erreur.

Les nouveaux sectaires appuyés par l'exemple et la cupidité de hauts personnages, levèrent bientôt le masque, pour arborer publiquement l'étendard de la révolte contre l'Eglise. L'esprit de parti et les animosités personnelles s'emparèrent habilement de ces dissidences religieuses pour les faire servir au profit de leur ambition et de leurs coupables projets. L'intrigue politique se mêla donc à ces agitations intérieures, et ce fut elle qui souffla les étincelles de ce feu des guerres civiles, qui bientôt allait tout embraser.

Supérieurs par leur audace plutôt que par leur nombre, les Huguenots se constituèrent souverains dans Livron, et firent peser sur les catholiques le joug de l'arbitraire et du despotisme. Beaucoup de familles, froissées par d'iniques vexations et redoutant un avenir qui leur apparaissait gros de tempêtes, abandonnèrent leurs foyers pour demander à des lieux plus sûrs un peu de calme et de liberté. Leur éloignement eut pour résultat ce que produisent toutes les émigrations, il accrut l'audace des uns et sema le découragement chez les autres (1).

Haineux et intolérents, pleins de confiance en eux-mêmes et de mépris pour les adversaires qu'ils savaient être timides et irrésolus, les huguenots se ruèrent en 1560 sur les Eglises, les chapelles et les maisons curiales pour les piller et les abattre. La belle église de St-Prix, en si grand renom dans les paroisses voisines, fut livrée aux flammes. Les revenus, les biens et tous les fonds destinés à entretenir le nombreux clergé de Livron furent saisis, confisqués

---

(1) Archives de la fabrique de Livron.

et dilapidés ; une prompte fuite put seule sauver des mauvais traitements, du massacre et de la pendaison ces infortunés prêtres, qui jusques-là avaient vécu à l'ombre du sanctuaire, bénis du pauvre, de l'infirme et des orphelins. Avec les décombres de tant de ruines accumulées par une fureur aveugle, avec le produit du pillage et de la vente sacrilège de biens ecclésiastiques, on répara en toute hâte les murailles et le château ; car prévoyant que l'autorité userait de représailles ou se disposerait à les châtier de leurs méfaits, les protestants se mirent sur la défensive et attendirent, sans trop de frayeur, les grands évènements qui se préparaient. A partir de ce moment jusqu'à la publication de l'édit de Nantes, Livron, dont les destinées avaient été si calmes, si prospères, joue un grand rôle dans l'histoire du Dauphiné : son nom est répété dans tous les lieux ; en chaque castel comme au plus modeste foyer, on parle de la vaillance de ses habitants ; on redit leur gloire et leurs malheurs ; car sa célébrité fut acquise au prix de beaucoup de sang et de beaucoup de larmes.

Le gouverneur du Dauphiné n'attendit pas de voir flotter ouvertement le drapeau de la rébellion sur les tours de Livron ; il s'empara de cette place et y mit une forte garnison. Mais la victoire n'avait point fait de pacte avec lui ; capricieuse et volage, elle passait tantôt dans un parti, tantôt dans un autre. Un corps de troupes, composé de Protestants, se présenta devant Livron et s'en fit ouvrir les portes après une faible résistance. Il ne faut pas oublier qu'il y avait dans l'enceinte de la ville beaucoup de réformés qui ne pouvaient guère prêter main-forte à la garnison toutes les fois qu'elle voyait des coreligionnaires dans les assiégeants, c'est ce qui nous explique d'un côté, ces triomphes faciles, et de l'autre, cette résistance opiniâtre et prolongée.

Après la bataille de Montcontour (1570), qui fut une sanglante défaite pour les réformés, Henri de Navarre, le prince de Condé et l'amiral de Coligny, se retirent en Dauphiné, espérant y puiser de nouvelles forces, pour rétablir leurs affaires et se venger de l'échec qu'ils venaient de subir. Le château de Charmes devient leur quartier général; Livron, Loriol étaient en leur pouvoir. De là ils se dirigent sur Montélimar; mais leur courage se brise contre la résistance qu'ils éprouvent; ils battent en retraite et, pour se dédommager, s'emparent de Grâne, point important qui assurait leurs communications avec Crest (1). L'année suivante, Livron et Loriol sont emportés par les troupes de Gordes, lieutenant du roi en Dauphiné; mais en 1555, le fameux Dupuy seigneur de Montbrun se présente devant ces deux places; il y entre comme sans coup-férir, grâce aux intelligences qu'il entretenait avec leurs habitants dévoués, en majeure partie, à sa cause et à sa foi religieuse (1).

Il est vrai que Gordes ne les abandonna qu'après avoir affaibli leurs fortifications en détruisant ce qui pouvait le plus arrêter les

---

(1) *Histoire du Dauphiné*, tome 2, page 639.

(1) *Id.*, page 652.

efforts d'une armée assiégeante. Montbrun comprenant tout le parti qu'on pouvait tirer de Loriol et de Livron, s'appliqua à réparer les brèches des remparts et à relever leurs tours à demi-ruinées; il ajouta de nouveaux travaux de défense et ne se reposa que lorsqu'il eut fait de Livron une place redoutable pour son parti : ceci se passait au commencement de l'année 1573. A la suite de nombreux combats, mélange de succès et de revers pour les deux partis qui se disputaient le pouvoir en France, une trêve fut conclue vers le mois d'octobre suivant au profit du Vivarais et du Languedoc. On proposa à Montbrun d'étendre cette convention sur le Dauphiné; il y donna son plein consentement, en y ajoutant quelques articles que Gordes accepta de bonne grâce. Il exigeait entre autres choses le renvoi des suisses du comte de Cujas, qui s'étaient attiré la haine des huguenots, par leurs violences et leurs vexations. Mais cette addition qui satisfaisait son amour-propre et la rancune de ses soldats, lui coûtait en retour l'abandon de Mirmande et de Livron; deux places importantes à la possession desquelles Gordes attachait le plus grand prix. Les troupes catholiques occupèrent de nouveau Livron. Le lieutenant du roi profita de cette circonstance favorable, pour ordonner la démolition de ses murailles dont l'épaisseur et la force semblaient braver les attaques les mieux dirigées. Il n'aurait point pris cette mesure de prévoyance, si les catholiques y avaient été les plus forts; mais les protestants dominaient souverainement, sinon par le nombre, du moins par l'audace et par la confiance en leurs chefs; aussi les ordres de

Gordes ne purent recevoir une pleine exécution (1).

L'armistice conclu peu auparavant avait fait suspendre les hostilités : à peine était-il expiré, que Montbrun, qui passait à juste titre pour le chef des huguenots du Dauphiné, et Gordes, son digne adversaire, reprirent les armes et se mirent en devoir de recommencer la campagne. Cependant Montbrun, initié profondément aux forces et aux besoins de son parti, fit quelques démarches pour obtenir une nouvelle trêve. Mais on savait qu'il la romprait, dès que ses intérêts le demanderaient. Gordes, qui partageait la défiance des siens à l'égard du capitaine huguenot, ne voulut pas la signer sans ôtages. Les protestants de Livron dont il soupçonnait la fidélité, comprirent bientôt qu'ils étaient le seul obstacle sérieux qu'on pût apporter à la conclusion de l'arrangement proposé; ils envoyèrent donc des députés auprès de Gordes pour protester de leur attachement au roi et affirmer qu'ils n'avaient jamais failli à leurs devoirs de bons et loyaux sujets. Mais Gordes avait bonne mémoire des faits passés; son expérience lui imposait un refus aux demandes de Montbrun (2).

La guerre alla son train et de rechef on battit en brèches les bourgs et châteaux du Valentinois et du Diois. Le 23 février de l'année 1574, les huguenots se présentent devant Allex à l'aube du jour; la place surprise ou peu défendue est emportée par escalade. Ce brillant exploit était

(1) *Id.*, page 656.
(2) *Id.*, page 657.

l'œuvre des troupes du seigneur de Mirabel (²).
Une victoire si peu coûteuse ne suffit point à
contenter ses soldats; il leur fallait les amu-
sements de Néron, il leur fallait les charmes et
l'enivrement de la tuerie et du massacre. Voici
comment ils se créèrent ce délassement, auquel
plus d'une fois ils eurent recours, pour se dédommager des fatigues du service. Le 24, mer-
credi des cendres, ils pénètrent sans bruit dans
une maison du seigneur d'Eurre, voisine de
l'église, et là, ils se disposent à massacrer tous
ceux des habitants d'Allex qui passeraient pour
aller à la messe et assister à la distribution des
cendres. Une femme éventa le piège et par ses
cris d'alarme conjura le danger ; les soldats de
Mirabel sortirent de leur embuscade, furieux de
se voir découverts, et altérés plus que jamais
de sang et de carnage. Leur première victime
fut le curé; six autres personnes sont immolées
avec lui. Un autre prêtre avait été saisi, ils le
gardent au milieu d'eux comme pour se distraire
et amuser leurs loisirs. Après sept jours marqués
par des tortures de toute espèce, par les plus
mauvais traitements que puissent inspirer la
haine et la dépravation la plus noire, ils con-
duisent ce nouveau martyr devant la porte du
bourg qui s'ouvrait près de l'église et là, dit
l'auteur de ce récit, trois huguenots *le saignent,
ni plus ni moins qu'un mouton!* En présence de
pareilles atrocités, comment ne pas livrer à
l'exécration et aux anathèmes ceux qui les premiers sont venus dire : la religion de vos pères

---

(2) Près d'Aoste.

ne sera plus votre religion, le drapeau de vos pères ne sera plus votre drapeau ! (3).

Le seigneur de Mirabel après un court séjour à Allex, se retira à Livron où l'appelaient les affaires de son parti. Par ses soins, on répara les brèches des remparts, on nettoya les fossés et on fit disparaître les décombres entassés, soit par les ordres de Gordes, soit par les attaques successives dont cette place avait été l'objet : ces travaux imposés par la nécessité, il les dirigea en habile capitaine ; mais c'était là le dernier service qu'il devait rendre à la cause de la réforme ; car il tomba du haut d'un bastion, se fracassa les membres et mourut peu après des suites de sa chûte. Sa mort fut entourée de circonstances qui par leur singularité lui donnent le caractére d'une punition exercée par la justice divine. Emporté par sa fougue et par une humeur chagrine qui ne souffrait aucune contrariété ; oublieux aussi de son nom et de sa position sociale, il frappa brutalement une femme appelée Jauberbonne : celle-ci se tourna et avec un sentiment de dignité peu ordinaire dans les personnes de sa condition, elle lui dit qu'il aurait bientôt lieu de se repentir de son aggression, Mirabel, en effet, tomba aussitôt du bastion qu'il avait fait élever ; outré de voir que l'évènement avait suivi de si près la menace, il ordonna aux soldats de saisir Jauberbonne et de la brûler comme on brûlait les sorcières. Mais, chose étrange ! le feu semble la respecter ; elle est là, debout sur son bûcher, calme, résignée et bravant, par son attitude, et les

(3) *Album du Dauphiné*, article Allex.

clameurs qui l'environnent et les cris des bourreaux qui plaçaient leur joie dans son martyre ; Mirabel voulant mettre un terme à un drame dont il n'était pas le héros, fait diriger plusieurs coups de pistolets sur la patiente ; mais une puissance mystérieuse la protège encore ; à la vue de ce nouveau prodige, il entre dans le paroxisme de la fureur, et ne prenant conseil que de sa rage, il fait assommer la victime soit en lançant sur elle d'énormes pierres, soit en la frappant avec un cep de vigne. Le capitaine triomphait ; il avait eu raison d'une femme, en se servant de la logique des tyrans. Mais l'heure de son triomphe, fut l'heure de son trépas. La douleur que lui causait sa chûte se trouvant surexcitée par les excès de colère auxquels il se porta, détermina peu de temps après une mort violente et sans gloire (1).

François de Montpensier, dauphin d'Auvergne, venait d'être appelé au commandement de l'armée royale en Dauphiné ; de Gordes, que nous avons vu déjà figurer, lui servait de lieutenant. Leur début fut heureux ; Aoste et Allex se rendent à leur approche ; le succès les encourageant, ils viennent mettre le siége devant Livron. Là, devaient se flétrir leurs lauriers ; car cette ville était commandée par l'intrépide Roësse, gendre de Montbrun ; de formidables barricades s'élevaient à l'endroit où les murailles avaient été endommagées par les siéges précédents, de plus la garnison était composée d'hommes aguerris, tous dévoués à Montbrun : la place était donc dans les conditions les plus

(*(*Id.*

heureuses pour se défendre, lorsqu'arrivèrent les assiégeants. Le prince établit son camp sous les murs de la ville, le 25 juin, mais sans l'environner de tranchées ni de palissades ; car peu expérimenté dans cette guerre de détail, il croyait emporter Livron de vive force, comme il l'avait fait de plusieurs bicoques des environs ; mais revenu de son illusion par la résistance qu'il éprouve, il a recours à un blocus formé dans toutes les règles de l'art. Les opérations préliminaires étant terminées, l'artillerie commença un feu bien nourri ; en sept jours, 660 coups de canon partent du camp ; les assiégés voient tomber une partie des remparts ; les barricades sont emportées, et une large brèche découvre la place du côté de la tour de Mauchenin ; ils courent, ils se multiplient, ils font face à l'ennemi : c'est en vain que les troupes royales, pour profiter de leur avantage, montent à l'assaut ; elles sont vivement repoussées. Antoine Chaboud, gendarme de la compagnie de Gordes, fit des prodiges de valeur dans ce dernier et suprême effort des assiégeants, animés par le succès, les assiégés changent de rôle et prennent l'offensive ; ils font plusieurs sorties dans l'une desquelles ils enclouent un canon de la batterie ennemie et s'emparent audacieusement d'une enseigne. Montbrun, cantonné à Loriol, ne contribua pas peu à soutenir le moral des défenseurs de Livron ; il était toujours en campagne, harcelant, incommodant les assiégeants, le jour et la nuit : tantôt il enlevait un convoi, tantôt ils faisait des prisonniers sous les retranchements mêmes du camp. Ses excursions subites et bien dirigées ne laissaient à l'armée royale ni trève ni repos. Lassé d'une lutte si violente et si inattendue, le prince leva le siége, c'était le 25 juillet, il se retira à Etoile où commandaient Néry et Ricon que l'on avait placés là avec leur compagnie pour que leur présence intimidât les huguenots de Livron et de Loriol. Montbrun, dont l'ardeur était infatigable, entreprit de contrarier l'armée dans sa retraite, mais ayant contre lui un vent du nord aussi froid qu'impétueux, il fut obligé de renoncer à ses projets de poursuite (1).

Charles IX était mort le 30 mai 1574. A la première nouvelle de cet évènement, le duc d'Anjou, son frère, quitta le trône de Pologne pour régner en France sous le nom de Henri III. Il arriva à Pont-de-Bauvoisin, le 4 septembre de la même année. Là, il trouva les grands seigneurs de la cour que le devoir appelait auprès du nouveau monarque. Montbrun parut lui aussi, mais non pour jouer le rôle de courtisan et de flatteur ; car il attaqua la suite du roi et parvint à lui enlever ses bagages. Cette expédition du capitaine huguenot avait tous les caractères d'une bravade, et comme telle, elle fut plus tard cruellement expiée. Henri III continua sa route ; mais à Lyon il s'arrêta pour tenir conseil, afin de terminer promptement les troubles du Dauphiné. Il fut convenu tout d'abord que les premières opérations de la guerre seraient dirigées contre Livron, le Pouzin et d'autres places voisines dont la position sur le Rhône ou sur la route de Marseille, était habilement exploitée au préjudice du commerce.

(1) *Faits mémorables sous Henri II, Henri III, Charles IX, etc.*, page 515.

Le prince dauphin d'Auvergne et de Gordes se virent de nouveau chargés de mettre les protestants à la raison; ils savaient par expérience combien cette tâche était périlleuse et difficile.

Montbrun, satisfait d'avoir humilié son roi, retourna en grande hâte à Livron, d'où il tenait en échec les garnisons des places du Valentinois occupées par les catholiques. Le comte de Suze, commandant des troupes royales cantonnées dans les environs depuis la levée du dernier siège de Livron, fut grièvement blessé dans une rencontre qui eut lieu près de Loriol. Montbrun surprit aussi à Beaumont un régiment de suisses qu'il tailla en pièces. Ces nouveaux succès des protestants réclamaient la présence de Gordes et du prince dauphin; ils quittèrent Lyon et rejoignirent l'armée le 25 septembre 1574. Elle se composait de dix-huit mille hommes de troupes régulières, toutes logées à un faible rayon de Loriol, dont on voulait d'abord s'emparer pour faciliter la prise de Livron. Le maréchal de Bellegarde avait accompagné de Gordes et le prince, nanti de tout pouvoir, soit pour conduire la campagne, soit pour négocier la paix. Roësse, frappé de ce grand déploiement de forces qui menaçait Livron, semblait incliner vers un accomodement; mais Montbrun s'y opposa. L'armée royale prit alors l'offensive, et débutta par les prises de Loriol, du Pouzin, de Privas et d'autres places non moins importantes; puis elle repassa le Rhône et s'empara de Grâne. Restait le point le plus difficile, l'attaque de Livron. Les châteaux voisins ayant ouvert leurs portes aux catholiques, cette ville se trouvait bloquée de toutes parts; Montbrun et Roësse ne se dissimulaient point ce qu'il y avait de critique dans leur position; cependant ils se préparèrent à une vigoureuse défense; d'ailleurs la mauvaise saison approchait, n'auraient-ils pas bientôt un puissant auxiliaire dans la rigueur du froid et la violence du vent? Une partie de la garnison de Pontaix vint renforcer celle de Livron qui n'aurait pu, elle seule, résister longtemps aux fatigues, aux travaux et aux combats que tout leur annonçait pour un avenir prochain.

Gordes, qui s'était détaché momentanément de l'armée, reparut devant Livron après avoir jeté des vivres dans Die et repris, en passant, les villages d'Aoste et d'Allex. Des deux côtés rien n'avait été oublié, de ce qui pouvait assurer le triomphe et le succès. Cependant le roi, mu par un sentiment d'humanité qu'on ne trouve pas toujours dans le cœur des princes, essaya une dernière tentative auprès de Montbrun, afin d'éviter l'effusion du sang et tous les maux qu'il entrevoyait si les hostilités recommençaient. Le capitaine huguenot, qu'effrayait une perspective de paix et de repos, peu en harmonie avec ses instincts belliqueux, répondit aux envoyés de Henri III que l'honneur lui faisait un devoir de ne point poser les armes. On le voit, ce n'est pas d'aujourd'hui que ce mot mal compris sert à signifier l'ambition, l'intrigue, la haine et les plus mauvaises passions; à ce nom, tout sentiment d'égoïsme devrait s'effacer; mais par un abus que j'oserais dire sacrilège, on l'emploie pour couvrir la vengeance, la soif du sang, les plus destables projets.

Le 17 décembre de l'année 1574, Gordes se

prépara au siége de Livron, soit par la disposition et le campement des troupes, soit par le choix du terrain où devait manœuvrer l'artillerie dès le lendemain même. Tout était prêt; le maréchal de Bellegarde, investi du commandement suprême, ouvrit le siège en personne et donna le signal des premières opérations. Voici en détail l'énumération des troupes dont se composait l'armée royale : quatorze compagnies des gardes du roi, onze d'arquebusiers dauphinois, trois cents hommes de vieilles bandes, onze enseignes de suisses, neuf de Piémontais, quatre compagnies de gendarmes, huit cornettes de reistres et vingt-deux pièces de canon formant trois batteries. Le capitaine Roësse, gouverneur de Livron, n'avait à opposer que quatre cents hommes et une seule pièce de campagne; mais son courage, son sang froid, son habileté, placés dans la balance, centuplaient ses forces et lui assuraient une position enviée par tout guerrier, avide de gloire et de péril. La garnison fit deux sorties l'une de jour, l'autre de nuit, dans le but, sans doute, d'essayer ses forces et de mesurer la valeur de ses ennemis; satisfait d'un mouvement dicté par l'audace plutôt que par la prudence, Roësse assemble ses compagnons d'armes et leur soumet les moyens qu'il va prendre pour conserver la place confiée à leur bravoure; tous l'approuvent et jurent de faire leur devoir.

Les assiégeants avaient pris leur position; l'artillerie, placée en trois endroits, n'attendait plus que le signal de battre les remparts; il est donné le 21; la canonnade dure jusqu'au 24 sans discontinuer; onze cents coups avaient entamé les murs et formé une brèche large de six cents pas. Ce résultat paraît insuffisant à Bellegarde ; il fait encore manœuvrer ses pièces et les pointe contre la partie des murailles, jusque-là demeurée intacte ; quatorze cent coups de canon dirigés sur le même endroit ouvrent une nouvelle brèche plus considérable que la première. C'était le moment de livrer un assaut. Le maréchal s'approche des fossés ; ses troupes sont protégées par des mantelets et autres machines de siége destinées à les garantir contre tout projectile venant de la place. Les assiégés étaient dans l'impuissance d'arrêter ce mouvement ; ils n'avaient qu'une misérable pièce portant la balle grosse comme un *estœuf* (1), que les habitants de Livron roulaient tantôt d'un côté, tantôt de l'autre, tirant sur les lignes de l'ennemi qu'ils voyaient découvertes ou trop rapprochées des remparts. Dès les premiers jours, les troupes royales à la vue de cette unique pièce, se prirent à railler les huguenots et affectaient de se promener autour de la ville ; mais cette pièce tant honnie, tant ridiculisée, ayant atteint plusieurs soldats, les promenades devinrent plus rares, et lorsqu'on sortait du camp, on voulait bien se souvenir qu'il y avait par là-haut, derrière ces créneaux mutilés, un tout petit canon dont les pointeurs n'étaient pas aveugles.

Montbrun tenait la campagne et observait attentivement les diverses phases du siége : les derniers avantages remportés par les assiégeants qui serraient de plus en plus Livron, lui donnèrent des craintes sérieuses sur le sort de ses

---

(1) Estœuf, balle pour jouer à la paume.

coréligionnaires. La défense devenait impossible sans un prompt secours ; il leur envoya douze cents hommes d'élite à travers les lignes des troupes royales ; quatorze seulement purent pénétrer ; les autres battirent en retraite pour sauver leur vie ou leur liberté. En face de leurs remparts ébrêchés, en présence de manœuvres qui annonçaient un assaut prochain, les assiégés loin de se décourager, témoignaient une assurance, une sécurité, qui se traduisait en railleries, en provocations et en bravades. Au moment même où tout faisait présager que la place était dans la détresse, un *rebus parlant* montra aux soldats ennemis ce qu'il y avait encore de vie, de résolution et de force au cœur de ceux qui la défendaient : on les vit attacher à une pique plantée sur la brèche, un fer à cheval, un chat et des gants ; c'était dire à Bellegarde : on ne saisit point un chat sans moufles. Le sens de l'allégorie n'échappa point au maréchal dont la dignité, le courage et le talent étaient mis en cause par cette énergique pantomime.

Le 26, l'armée royale répondit à cette provocation par un assaut donné simultanément en deux endroits et par une escalade sur un autre point. Les assiégés, les habitants, hommes, femmes et enfants, se portent sur les remparts avec cette ardeur que peut seule inspirer le sentiment du plus héroïque patriotisme ; ils soutiennent si bien le choc, que le maréchal, après deux heures d'une lutte acharnée fait sonner la retraite, repoussé et vaincu de toutes parts. Les assaillants se retirent dans leur camp à travers des cadavres sans nombre gisant sur la brèche et dans les fossés.

Ce brillant fait d'armes coûta cher aux assiégés ; eux aussi perdirent beaucoup de monde, et ce ne fut pas sans douleur qu'ils comptèrent parmi leurs morts l'intrépide Roësse, commandant de la place, Glandage, Fiançaye, Bouvier et autres capitaines qui avaient succombé, ensevelis dans leur triomphe. La Haye, âgé seulement de vingt-trois ans, fut choisi pour succéder à Roësse, dans la défense de Livron. La bravoure, le dévouement, la rare intelligence, qu'il avait déployés en toute occasion, lui valurent de la part des soldats ce haut témoignage d'estime et de confiance ; ce fut en vain que, retenu au lit par une large blessure, il voulut d'abord décliner l'honneur qu'ils lui faisaient ; leurs instances étaient si vives qu'il accepta, malgré son état de souffrance, la glorieuse mission de les commander.

Les opérations du siège continuèrent ; le canon gronda de nouveau ; mais l'attaque était moins ardente. Les assiégés profitèrent de ce ralentissement pour fortifier la partie des remparts qui avait été abattue par les boulets ; un habile ingénieur présidait à ces travaux et les poussait avec activité, il avait nom Jullier. Cependant malgré leur courage, malgré les précautions qu'ils prenaient contre toute éventualité fâcheuse, les assiégés allaient succomber ; la poudre leur manquait. Montbrun, informé de leur pénurie, chargea Lesdiguières du soin de les pourvoir d'une munition si indispensable ; le jeune capitaine qui, plus tard, devait jouer un si grand rôle dans le Dauphiné, s'avance à la tête de 50 hommes d'élite, traverse le camp et parvient jusqu'aux bords des fossés de la ville, sans être remarqué; il donne alors le signal convenu, les assiégeants, honteux de s'être laissé surprendre, les chargent avec ardeur; deux des siens tombent à ses côtés, il est vrai, mais il pénètre dans la place avec un approvisionnement considérable; son retour auprès de Montbrun s'effectua durant la nuit avec le même bonheur.

L'année 1574 venait de finir, glorieuse et sanglante, et l'année qui s'ouvrait n'apportait aux habitants de Livron, ni trêve, ni calme ni repos: toujours mêmes dangers; mêmes combats, mêmes alarmes! Les batteries ennemies recommencèrent leur feu le premier janvier et ce feu dura sept jours sans interruption. Pendant que le canon vomissait ses boulets, on pratiquait secrètement une mine sous la tour de la Fontaine pour la faire sauter; mais ce travail, bien que conduit adroitement, fut découvert par les assiégés qui lui opposèrent une contre-mine; frustrés des avantages qu'ils s'étaient promis, les assiégeants reportèrent tous leurs efforts sur plusieurs points à la fois : tandisqu'au nord, la tour de la Fontaine, et du midi, la porte d'Amspech, étaient battues par le canon, huit grosses pièces lançaient d'énormes projectiles. Le but de cette canonnade était de préparer un second assaut général; le maréchal de Bellegarde, divisa, en effet, son armée en trois corps afin d'attaquer la place simultanément sur les trois points des murs que l'artillerie avait comme ouverts par son action destructrice. Le premier corps était composé des suisses, qui, jusques-là, n'avaient point encore monté sur la brèche, le deuxième, des vieilles bandes, et le troisième des Piémontais. Un vif ennthousiasme animait les soldats, déjà ils rêvaient la vengeance, déjà ils savouraient les honneurs de la victoire et l'enivrement d'une ville prise d'assaut. Mais, derrière ces murs, ébranlés jusqu'aux fondements, les attendait une résistance soutenue par le sentiment du désespoir; on sonne la charge; en ce moment suprême, femmes, enfants, vieillards se transforment en héros. Un obscur paysan, blotti dans une tour demi-ruinée, comme un lion dans son antre, défendit lui seul ce poste dangereux, tua beaucoup d'assaillants, se servant tantôt de son arquebuse, et tantôt lançant d'énormes pierres contre ceux qui tentaient de l'escalader. Les femmes armées de cailloux, de demi-piques et de *pistoles* (¹) repoussèrent la division des suisses et n'abandonnèrent la brèche que lorsque l'ennemi se fut retiré; comme au premier assaut, les fossés reparurent un instant comblés de morts, de mourants et de blessés.

Les moments qui suivirent le succès inespéré que venaient d'obtenir les habitants de Livron ne furent point consacrés au repos, ni aux jouissances de la victoire; d'ailleurs un retour sur eux-mêmes, sur les pertes qu'ils avaient essuyées, n'auraient-ils pas empoisonné leur joie! s'ils déposèrent l'arquebuse, ce fut pour se livrer en toute hâte, aux travaux urgents de réparation, que réclamait l'état de leurs murailles. Quant aux troupes de l'armée royale, retirées dans leur camp et occupées à faire disparaître les traces de leur déroute, elles pou-

(1) Petites arquebuses.

vaient encore, confiantes en leurs forces, nourrir l'espoir de triompher d'une poignée de factieux, affaiblis par les avantages mêmes qu'ils avaient remportés; bien grande était leur illusion; le lendemain ou le surlendemain de la brillante journée du huit, un spectacle insultant, celui d'une vieille femme filant tranquillement sa quenouille sur le point le plus élevé des remparts, leur apprit tout ce qu'il y avait encore d'audace, de résolution et de sécurité dans la place assiégée.

Pendant la nuit du onze janvier, cinquante-deux soldats huguenots pénètrent heureusement dans Livron, et viennent ainsi, par leur présence, combler les vides que la mort avait faits dans les rangs de la garnison; ce renfort avait été envoyé par Montbrun; le lendemain ses cavaliers, toujours en course, toujours aux aguets, tombent sur le comte de Guyasse, colonel des suisses, et le tuent à une petite distance du camp.

Henri III venant d'Avignon, s'arrêta quelques heures au camp de Livron, c'était le 15 janvier. Cette halte, nécessaire au milieu des siens, n'a été qu'une halte de voyage : c'en était assez pour que les géographies et les histoires élémentaires attribuassent à Livron l'honneur d'avoir été assiégé par un roi. Je relève en passant cette erreur pour signaler la légèreté avec laquelle certains auteurs traitent l'histoire. L'arrivée de Henri III fournit aux assiégés l'occasion de manifester clairement les sentiments hostiles qui les animaient à l'égard du prince; ils courent aux remparts, lui envoient une salve d'arquebusades, puis se mettent à le huer et à pousser les cris les plus injurieux. La reine-mère Catherine de Médicis, ne fut point oubliée dans ce concert d'hommages ; elle y avait droit de par la Saint-Barthélemy, et ce droit ne pouvait être douteux ni contesté par des huguenots. Parmi les imprécations que la licence et une haine profonde inspiraient aux assiégés, on put entendre du camp ces paroles de mépris et de provocation : « *Oh ! massacreurs, vous ne nous poignarderez pas dans nos lits, comme vous avez fait de l'amiral de Coligny, amenez-nous un peu vos mignons, passessillonnés, godronés, parfumés, qu'ils viennent voir s'il est facile de tenir tête à nos femmes.* » Ces propos outrageants furent blâmés hautement par quelques capitaines et gentilshommes de la garnison, mais ne révèlent-ils pas jusqu'à quel point d'avilissement était tombée l'autorité souveraine sous l'empire de l'anarchie et des intrigues des partis ?

Henri III, dans lequel on ne reconnaissait pas le valeureux et chevaleresque duc d'Anjou, dissimula sa colère et son ressentiment ; sa vie molle et si peu convenable à une tête couronnée ne lui permettait pas autre chose. Toutefois, il exhorta l'armée à faire son devoir et fit donner un *teston* (1), à chaque soldat, à titre de gratification ; il continua ensuite son voyage aux cris des assiégés, emmenant de Gordes avec lui.

Convaincu qu'il ne pourrait soumettre les assiégeants à force ouverte, Bellegarde voulut demander à la ruse et à la surprise ce qu'il n'avait pu obtenir de deux assauts ; un vent

(1) Monnaie d'argent frappée sous Louis XII et portant l'effigie de ce prince.

violent et impétueux comme le mistral s'étant élevé dans la journée du 15, il en profita pour donner des ordres afin de prendre la ville par escalade ; couverts par le bruit et protégés par d'épaisses ténèbres, des soldats d'élite s'avancent jusqu'aux pieds des murailles sans être aperçus ; mais deux heures avant le jour, le vent s'appaise, le silence se fait et les sentinelles du guet entendent les mouvements de l'ennemi ; l'alarme est aussitôt donnée, et le péril imminent qui menaçait Livron est par là même conjuré. Les jours suivants, de nouvelles attaques furent dirigées sans plus de succès que les précédentes. Le courage et l'habileté des assaillants s'étaient déployés depuis assez longtemps pour qu'on ne les mit pas en question ; mais chaque jour il naissait des difficultés dont le moindre inconvénient était de retarder un dénouement si désiré.

Ce n'était pas assez d'avoir à repousser Montbrun, de monter à l'assaut, de soutenir les travaux du siége, et cela pendant la mauvaise saison ; une cruelle épidémie vint prêter main-forte aux assiégés en achevant la démoralisation et l'affaiblissement de l'armée royale. Engendrée, soit par le froid dont ne pouvaient se garantir les soldats logés dans des tentes, soit par des privations et des fatigues continuelles imposées par le service, elle éclata bientôt dans les rangs des Piémontais, puis la mortalité décima à leur tour Français, Suisses et Dauphinois. Comment préserver les autres sans les éloigner de ceux que la contagion avait atteints? comment continuer le siége avec des soldats mourants et découragés? Ces considérations frappèrent péniblement le maréchal de Bellegarde ; il en fit part aux principaux officiers qui tous opinèrent pour l'abandon du projet qui les avait amenés sous les murs de Livron. Commencé le 16 décembre, le siége fut levé le 29 janvier 1574.

Au moment où les troupes royales opéraient la retraite, les assiégés firent deux sorties pendant lesquelles ils tuèrent beaucoup de suisses et de piémontais ; mêlées aux soldats de la garnison, quelques femmes se jetèrent sur les traînards et les massacrèrent lâchement ; autant nous les avons admirées sur la brêche, autant nous devons stymatiser ici avec le sceau de la flétrissure, une valeur ou plutôt une rage qui s'exerçait sur de pauvres soldats n'ayant ni armes ni forces pour fuir et se défendre. Les débris des cohortes piémontaises retournèrent dans leur pays ; quant aux autres troupes, elles furent cantonnées dans les bourgs voisins pour y prendre un peu de repos. Le maréchal de Bellegarde se retira à Etoile et n'en sortit que pour aller rejoindre le roi, que la nouvelle de l'échec essuyé devant Livron avait profondément affligé. Mais comme pour donner satisfaction à son orgueil humilié, et montrer qu'il gardait rancune aux habitants de Livron, il fit ruiner, avant son départ, le canal qui alimentait les moulins de cette ville. Quelle fiche de consolation pour un général qui s'en allait laissant derrière lui la honte de la défaite, des compagnies désorganisées et des soldats blessés ou mourants ! (1).

(1) *Histoire du Dauphiné*, tome 2, page 662 et suivantes. — *Recueil de Faits mémorables*, page 556 et suivantes.

La tradition locale a conservé quelque chose de ce siége à jamais mémorable, c'est le nom de *Champ du Camp*, donné au lieu qu'occupait le camp de l'armée royale. Il était assis au nord-ouest de Livron, près du moulin de la Sablière. Des boulets de grand calibre, découverts chez M. de Sinard, sont conservés avec soin comme un monument destiné à perpétuer le souvenir de la brillante défense des habitants de Livron.

On exalte sans cesse les siéges de l'antiquité payenne ; leur récit est mis entre les mains de la jeunesse ; et cependant si les étudiant sans préventions, on les comparait avec ceux de nos annales, un noble sentiment d'orgueil national ne devrait-il pas faire battre nos cœurs ? L'histoire de nos pères est méconnue ; leurs faits et gestes sont ignorés, et l'on ne sait que se pâmer d'admiration devant les actes d'une bourgade de la Grèce ou du pays latin ? qu'un peu de patriotisme s'unisse à une juste appréciation des choses, et Livron aura sa part de gloire, et les fastes de nos cités et de nos provinces ne seront plus lettres-closes pour la génération actuelle, que l'on élève dans la plus profonde ignorance de nos célébrités locales.

Des ruines, des cadavres, des pans de murs couchés à terre, partout l'image du deuil, de la mort et de la destruction ; tel était le tableau qu'offrait Livron après la levée du siége. Le prestige de la victoire, l'enivrement du succès, se dissipèrent bien vite pour faire place à la triste réalité ; dès-lors on put mesurer l'étendue des maux et des pertes, que cette guerre fratricide avait occasionnés. Les habitants prolitèrent des premiers jours de repos que leur faisait le départ précipité de l'armée royale, pour réparer leurs désastres et donner à la ville une organisation nouvelle à laquelle ils attachaient bonheur, force et sécurité. Les gardes du bourg furent renforcées : le commandement et l'autorité passèrent aux mains d'officiers et de capitaines choisis parmi les citoyens qui s'étaient le plus distingués dans les derniers événements. Les propagateurs des doctrines de Calvin, désignés sous le nom de ministres, reçurent un traitement annuel de dix-huit écus, quarante-cinq sols ; un bâtiment fut converti en temple et mis à leur disposition (1). S'affranchissant ensuite de tout joug et de toute dépendance, les habitants s'érigèrent en *république*. Mais comme ce nouvel état de choses nécessitait de grands frais, ils usurpèrent, pour y subvenir, ce qui restait des biens de l'Eglise, vendirent les rentes des pauvres et s'emparèrent des péages d'Anconne et de Montélimart.

Lesdiguières, devenu par la mort de Montbrun chef des protestants du dauphiné, confirma cette saisie des biens, terres et revenus ecclésiastiques : et voulant agrandir ses ressources, il afferma le péage de Livron au profit du budget de la nouvelle république (2). Ce mouvement politique et social de Livron, cette adoption d'un régime dont les formes étaient si en dehors des idées du jour nous révèlent le plan des meneurs du parti huguenot. Leur but secret était le renversement de la royauté. Au gouver-

---

(1) L'église actuelle.
(2) *Archives de Livron.*

nement séculaire de la France, ils voulaient substituer une république fédérative ; mais les événements ne leur permirent pas de réaliser un projet dont ils n'avaient pas calculé les difficultés et les conséquences.

La guerre continua dans le Dauphiné avec un mélange de succès et de revers pour les deux partis; Livron, comme par le passé, demeura le boulevard des Huguenots. Cependant, jusqu'à l'an 1581, ses annales ne sont enrichies d'aucun nouveau fait éclatant; les historiens ne s'en occupent plus; déjà ils lui avaient fait une assez large place dans leurs récits; dire qu'il avait perdu son importance serait donner une explication téméraire et peu fondée, car le duc de Mayenne, gouverneur de la province, ordonna en 1581 la démolition des fortifications de Livron. Cette mesure trouvait sa justification dans la crainte qu'il avait de voir cette place devenir encore le théâtre de luttes sanglantes, mais en la démantelant, il ôtait à ses adversaires un asile où ils rencontraient toujours sympathie et dévouement à leur cause. La publication de cet arrêt contraria vivement les habitants de Livron, surtout ceux qui avaient marché sous la bannière de la réforme : leur parti s'affaiblissait et perdait chaque jour du terrain ; l'état présent les inquiétait et l'avenir ne leur souriait guère. Leurs craintes se réalisèrent peu de temps après; car, en 1585, Livron, quoique démantelé, avait dans ses murs une garnison de troupes royales; leur séjour fut marqué par la violence et le pillage. Maugiron, lieutenant du roi, écouta favorablement les plaintes qu'on lui en fit et déclara prendre la ville de Livron sous sa haute protection (1).

Des circonstances majeures ayant commandé le départ de la garnison, il s'opéra une réaction contre tout ce qui avait été fait sous son influence au point de vue politique et administratif. Les protestants reprirent la direction de la communauté pour la confier à Jacques de Corbières. Né à Livron d'une famille ancienne et opulente, il avait embrassé de bonne heure la cause de la réforme et joué un rôle très-actif dans tous les événements qui s'étaient accomplis à Livron depuis 1560. Louis de Corbières, son frère, le seconda de tous ses efforts et de tout le crédit que lui assuraient ses relations intimes avec les chefs du parti. Les études cabalistiques auxquelles il se livrait bien plus encore que son dévouement pour Henri de Navarre, répandirent sur son nom un éclat qui semblait devoir l'immortaliser. La chiromancie, l'astrologie étaient alors en grande faveur auprès du peuple et même dans les cours. Corbières avait dépassé tous ses devanciers dans l'art mystérieux qu'il cultivait et consigné le fruit de ses observations dans un ouvrage intitulé : *La Chiromancie de Tybertus réduite en art* ; mais la postérité, peu crédule à l'endroit des devins, a fait bonne justice des recherches de ceux qui prétendent lire l'avenir dans l'inspection des astres et la configuration des mains. Le livre de Corbières est donc aujourd'hui parfaitement oublié (2).

(1) *Archives de Livron.*
(2) *Histoire du Dauphiné*, tome II, page 755.

Jacques, son frère, nommé vi-châtelain, se montra à la hauteur de sa position. Revêtu par la confiance de ses concitoyens d'une charge aussi difficile qu'honorable, il assembla le conseil dans la maison consulaire et lui exposa de sages mesures à prendre pour détourner les nouveaux malheurs qu'il entrevoyait. Entourer la ville de palissades et autres moyens de défense, renforcer les différents corps-de-garde, emprunter deux cents écus destinés à l'entretien des soldats, doubler les gardes et réparer les fortifications, telle fut la résolution des membres du conseil. Un sergent la proclama aussitôt dans les rues et carrefours : ceci se passait en 1593. L'année suivante, mêmes alarmes, même vigilance, mêmes précautions de la part de la municipalité. M. du Poët, alors protestant, écrit aux consuls de Livron pour leur apprendre qu'on va diminuer la garnison. Cette nouvelle les émeut, les consterne. Que faire? La patrie est en danger; à eux incombe le soin de la sauver. Le célèbre *caveant consules* de l'orateur romain retentit à leurs oreilles, et les voilà faisant un appel au patriotisme des habitants, qui sont bientôt enrégimentés. Les uns vont s'adjoindre à un petit corps de troupes laissé dans le château, les autres s'emploient à faire de fréquentes rondes pendant la nuit. La milice de Livron était divisée en quatre *escadres*; chacune d'elles fournit tous les soirs deux hommes pour veiller et faire le guet au château. Les *corporaux* commandant la garde de la ville étaient payés à raison de 45 sols chacun : si ce chiffre représentait la solde d'un jour, c'était beaucoup Ces mesures ne paraissant pas suffisantes, de Vinais, ministre de Livron, et l'un de MM. de Corbières se rendent auprès de du Poët afin d'aviser aux moyens de conserver Livron aux protestants et trouver des ressources pour combler de profondes excavations, situées près des murailles neuves qu'on venait d'élever, du côté de la porte de la Chenal. Le temple avait été naguère endommagé par une des garnisons qu'avait envoyées à Livron le parti de la ligue, alors triomphant; on le répara d'une manière convenable à sa destination (1).

L'oppression, la terreur d'un côté, la tyrannie, les vexations et la violence de l'autre, voilà la situation de Livron telle que l'avait faite l'introduction du schisme de Calvin dans ses murs. Les catholiques, sous l'impulsion du *Conseil politique* (2), dont les actes portaient le cachet de la haine et de l'arbitraire, demeurèrent constamment en butte aux persécutions et aux injures; quoique formant la moitié de la population, ils étaient exclus des charges publiques, traités comme des ilotes et privés des cérémonies de leur culte, car les curés errants et proscrits ne pouvaient exercer leurs fonctions qu'au péril de leur vie. Ils traînaient une existence dont tous les moments étaient marqués par des souffrances d'autant plus grandes qu'elles étaient secrètes, comprimées, sans mélange d'espoir et de consolation.

(1) *Archives de Livron.*

(2) Il se composait de députés des bourgs et des villages voisins; il était en permanence à Livron et avait la haute administration des affaires du parti protestant.

L'édit de Nantes fut publié à Livron le 16 septembre 1599. Henri IV, en signant cet édit, accordait aux réformés le libre exercice de leur culte et l'admission à toutes les charges de judicature et de finance, avantages qu'ils n'avaient jamais pu obtenir, lors même que leurs armes victorieuses tenaient en échec le pouvoir royal. La liberté semblait rendue aux catholiques de Livron, car le commissaire chargé de l'exécution du célèbre édit se hâta de rétablir le service divin, interrompu depuis l'an 1560 (5). Mais en face d'adversaires turbulents et audacieux, ils ne purent recueillir tous les bienfaits que leur promettait le gouvernement de Henri IV. Intimidés par les menaces, ils n'osèrent faire valoir leurs droits, et comme par le passé, on mit des entraves à leurs cérémonies religieuses, et les portes de l'Hôtel-de-Ville se fermèrent devant eux.

La paix régnait intérieurement, le sang ne coulait plus; le cri : Aux armes! avait cessé de retentir dans l'enceinte de Livron; mais grande était l'irritation dans les esprits; la haine et la rancune animaient tous les cœurs. Pour cicatriser des plaies encore saignantes, pour réparer des pertes immenses, pour ramener le calme et la joie au foyer domestique, il aurait fallu l'union et l'oubli du passé, et cette union, source unique de la tranquillité et du bonheur, trouvait un obstacle invincible dans l'existence de deux partis sans cesse en présence l'un de

(5) La fête de Saint-Prix fut fixée au 1ᵉʳ septembre en mémoire du rétablissement du culte à Livron; aujourd'hui elle se célèbre le premier dimanche de septembre.

l'autre. Comment la paix et le bien-être pouvaient-ils se produire au milieu d'habitants se rappelant imprudemment un passé si glorieux pour les uns, si désastreux pour les autres et se qualifiant de vainqueurs et de vaincus ? Dépourvus de cette énergie, de cette force d'âme qui seule, aux jours d'épreuves et de tempêtes sociales, peut arrêter la tyrannie et la violence, les catholiques continuèrent pendant de longues années à mener la vie des *Parias*.

La période qui s'ouvrait pacifique et féconde pour la France, fut marquée à Livron par des luttes et des querelles d'autant plus déplorables qu'elles avaient pour prétexte, pour cause une haine profonde et sans cesse envenimée par des propos irritants et des actes vexatoires. Cependant, catholiques et protestants, lassés d'un état de choses qui nuisait souverainement au bien-être et au développement des ressources de la ville, étaient souvent amenés à signer des conventions aussitôt brisées que conclues. Dans un accord fait le 16 juillet 1649, on remarque un article qui prouve hautement en faveur de l'esprit de conciliation qui animait les catholiques. Afin d'ôter tout prétexte à une collision, ils s'engagent, lorsqu'ils feraient des processions à l'heure du prêche, à ne pas se servir de la clochette depuis le puits de Bernard jusqu'à la *Ruelle-des-Sauvages*. Cette concession nous donne la mesure des taquineries et exigences des protestants à l'égard des catholiques. Absorbés dans la méditation ou suspendus peut-être aux lèvres éloquentes du ministre, les disciples de Calvin ne voulaient pas qu'un bruit intérieur, pas même celui d'une toute petite clochette, vint les arracher à leur recueillement extatique (1).

L'expédition de Louis XIII contre Privas et quelques places des environs réveilla tout-à-coup les passions haineuses des habitants de Livron. Pendant que ce prince assiégeait en personne la Voulte et le Pouzin, des soldats appartenant au régiment de ses gardes eurent la malencontreuse idée de franchir le Rhône: on ne sait dans quel but. Les habitants de Livron, pour venger sans doute leurs coreligionnaires vaincus, se jettent sur ces imprudents et les massacrent sans pitié ; mais le temps n'était plus où les troupes royales recevaient un échec sous leurs murs. Louis XIII (c'était en 1623) apprenant cette lâche agression, qui avait fini par un meurtre et une tuerie infâme, donna sur-le-champ l'ordre de raser les fortifications de Livron, moins la citadelle que commandait un gentilhomme catholique (2).

En 1617, une nouvelle ordonnance royale prescrit la démolition complète de ses murailles et de l'antique château des évêques de Valence, devenu trop souvent l'asile de la rébellion. Cette mesure, que rendait urgente le soulèvement continuel des protestants, ne reçut son entier accomplissement qu'en 1629. Les catholiques durent applaudir à la chûte de ces vieux remparts, témoins muets de leur longue oppression et dont la force avait jusque-là donné tant de morgue et d'audace à leurs adversaires ; le

(1) *Archives de Livron*.
(2) *Mercure Français*, tome IX, page 433.

cercle de leur action et de leur liberté s'élargissant peu à peu, ils commencèrent à respirer. Le curé put résider à Livron, et dans les loisirs forcés que lui faisaient les protestants par leur obstination à s'opposer encore aux exercices du culte, il osa jeter un coup d'œil rétrospectif sur les années qui venaient de s'écouler pour recueillir çà et là chez les notaires du lieu et dans d'autres dépôts tous les titres de fondations et de revenus ecclésiastiques échappés au vandalisme et à la cupidité. Il en découvrit une faible partie dont il profita pour se créer des ressources propres à son entretien et à celui d'un vicaire. Cette œuvre de restauration fut reprise et continuée par ses successeurs.

Les biens de l'église de Livron, usurpés ou aliénés, rentrèrent dans leur destination première ; les fonds affectés aux choreries furent adjugés au curé, à la charge par lui de pourvoir au service divin, aux messes de fondations et aux obits par un nombre de prêtres suffisant et proportionné à la valeur des rentes ecclésiastiques. Quant à l'hôpital et aux revenus attachés à l'entretien des indigents et des infirmes, on ne put sauver du naufrage que des faibles débris qui chaque jour tendaient à s'amoindrir, soit par l'incurie du *recteur des pauvres*, soit par un effet de la division qui régnait parmi les habitants.

Témoin de ce dépérissement, l'autorité donna les biens de l'hôpital de Livron à l'Hôtel-Dieu de Valence, dépendant des chevaliers de Saint-Lazare, à la charge par cet établissement de satisfaire à toutes les fondations existantes et de recevoir, au prorata des revenus annexés, les malades et indigents de la paroisse.

L'année 1645 fut remarquable par un nombreux synode dont les actes portent l'empreinte des idées plus ou moins perturbatrices qu'avaient fait naître les erreurs de Luther et de Calvin. Le Conseil politique n'était point dissous; on s'en apercevait à l'effervescence qui agitait sourdement les esprits dans les paroisses peuplées de protestants. Sous l'action de ce conseil turbulent et ambitieux, les ministres appartenant aux diverses églises réformées du Dauphiné se réunirent à Livron pour travailler de concert au triomphe de leur parti. Les concessions d'Henri IV ne leur semblaient plus suffisantes; ils rêvaient l'agrandissement de leurs droits ou plutôt l'anéantissement de celui des autres. Ces synodes, ces rendez-vous des apôtres de la réforme étaient un brandon de discorde, un aliment à la haine et quelquefois le signal d'une levée de boucliers; mais comme la répression ne se faisait pas attendre, les attroupements séditieux devinrent plus rares; en sorte que les catholiques parvinrent à conquérir à Livron une position plus forte et à exercer une influence plus grande au profit de leur liberté religieuse. C'est ainsi qu'en 1666, ils étaient arrivés au consulat, dont jusqu'à cette époque on les avait systématiquement exclus. Les curés firent partie de l'Hôtel-de-Ville à titre de conseillers ou de syndics (1).

L'église de Saint-Prix, brûlée ou démolie pendant la guerre civile, n'offrait plus qu'un édifice sans voûte et sans toiture : les vases sacrés, les ornements avaient été vendus ou

(1) *Archives de Livron.*

gaspillés ; seules restaient quelques chapelles éparses dans la ville ou le mandement, mais pauvres et délabrées. Le culte catholique, qui déployait autrefois tant de pompe et d'éclat dans ses rites, ses offices et ses cérémonies, manquait même des objets de première nécessité ; le curé ne savait où réunir les fidèles, ceux qui à travers les persécutions, la misère et les souffrances avait conservé l'antique foi de leurs pères. Frappée d'un état de choses si déplorables, l'administration livre le temple des protestants aux catholiques et alloue des fonds pour l'approprier à sa nouvelle destination. L'addition d'un chœur et d'autres modifications opérées vers la fin du xviiie siècle en ont fait l'église actuelle. Les protestants, usant du bénéfice de l'édit de Nantes, construisirent un autre temple dans un quartier qui porte encore aujourd'hui ce nom; mais en 1688, il partagea le sort commun, réservé aux priviléges, institutions, édifices religieux des réformés, c'est-à-dire qu'il fut démoli par ordre de Louis XIV (2).

Aux luttes armées, au pillage et à la prise de nos bourgs et de nos cités, avaient succédé des combats moins dangereux, moins funestes dans leurs résultats ; l'épée et le mousquet se reposaient au foyer, et c'était avec une plume trempée de fiel que les deux partis se disputaient le terrain. On vit paraître maintes brochures, maints pamphlets lancés dans la foule pour la plus grande gloire de Dieu. M. Fallot, curé de Livron, et M. Alexis, ministre du

(2) *Archives de Livron.*

même lieu, entrèrent, eux aussi, dans la lice. Que pouvait gagner la cause de la vérité dans ces discussions écrites, dans ces libelles où, à défaut de style, on remarquait l'acrimonie, les injures et les invectives? Un peu de courtoisie et d'urbanité n'aurait pas été déplacé dans ces joûtes théologiques, mais les tenants d'armes n'avaient aucun souci d'observer les règles de la politesse et cette modération que la charité chrétienne devait imposer à tout champion qui se présentait au combat. Aussi l'oubli pèse-t-il de tout son poids sur ces productions éphémères, inspirées par la haine, l'esprit de parti et un zèle peu éclairé. Ce qui a pu échapper aux ravages du temps, est protégé de nos jours par une forte couche de poussière contre tout curieux qui voudrait y porter la main.

En 1705, le mouvement des Camisards du Vivarais s'était étendu sur le Dauphiné. Egarés et entraînés par les *prophètes* ou prédicants, les huguenots se soulèvent et tiennent des assemblées tumultueuses à Saou et dans les environs. La révocation de l'édit de Nantes, la démolition de leurs temples, l'exil de leurs pères, tout cela n'avait pu se faire sans irriter et fomenter des passions habilement exploitées par la fourberie, la cupidité et la haine portée à Louis XIV. M. de Chabrillan, lieutenant du roi en Dauphiné, saisit la trame d'un vaste complot et se mit en devoir d'en arrêter l'exécution. A la tête d'un détachement tiré de la bourgeoisie de Crest, il se porte dans tous les lieux où se formaient les assemblées, et notamment dans une grange isolée, rendez-vous ordinaire des mutins et des mécontents. Là il fit saisir le trop fameux Le Rentier, sa fille et son neveu, qui allèrent expier dans la tour de Crest le tort de n'avoir pas su prévoir ce que l'avenir leur réservait, à eux personnellement. Ensuite il visite Livron qui, après Saou, était le foyer le plus ardent et le plus dangereux des nouvelles aberrations et des coupables projets des *prophètes*. En présence de cet incendie qui menaçait d'embraser le Dauphiné, il comprit toute l'étendue du mal et lui opposa le seul remède dicté par les circonstances : c'était la force. Un bataillon d'infanterie arrive aussitôt de Crest ; alors commencent les perquisitions ; toutes les personnes suspectes ou surprises en flagrant délit sont arrêtées. Livron, Loriol et la forêt de Saou se voient ainsi purgés des prédicants et de leurs trop crédules partisans (1).

Cette conduite ferme et vigoureuse comprima les efforts de la rébellion ; mais sous ce calme, résultat de la force et de la crainte, se cachait une vive irritation dans les esprits. Aussi quelques années plus tard, en 1749, de nouvelles assemblées se produisirent dans les bois de Livron. Informé de ces réunions clandestines et séditieuses, l'intendant de la province menace la communauté d'envoyer des troupes à Livron et de les loger chez les notables jusqu'à ce qu'ils aient dénoncé et livré les coupables. Pour donner plus de poids encore à son injonction, il termine sa missive non pas en les assurant de sa *parfaite considération*, mais en les menaçant de raser leurs maisons s'ils n'entraient pas promptement dans ses vues de ré-

(1) *Le Fanatisme renouvelé*, page 200 à 201.

pression. Les archives municipales se taisent sur les suites de cette affaire; il est probable que les membres du conseil s'exécutèrent de bonne grâce pour écarter de la cité des mesures ruineuses et des sacrifices qui devaient tomber sur eux personnellement.

Les années suivantes n'offrent rien qui soit digne d'intérêt. Les passions sont apaisées, ou, du moins, ne se traduisent pas en actes violents et séditieux; mais leur silence ne sert qu'à mettre au jour cet esprit de rivalité qui divisait encore les habitants; on le voit se reproduire et se manifester par des tracasseries sourdes et mesquines. Les plaies avaient été trop profondes, les haines trop vives pour qu'il s'opérât une fusion complète dans les cœurs et les esprits.

Comme fief des évêques de Valence, Livron, au moment où éclata la révolution de 89, faisait partie du district du baillage épiscopal, tribunal connu sous le nom de justice-mage; il était le siége d'un archiprêtré qui comprenait la cure de Saint-Prix, dont l'évêque diocésain était collateur, Allex, Eurre, Vaunaveys, Baume-Cornillane, Ourches, Barcelonne, Montvendre, les deux paroisses de Chabeuil, Montmeyran, Upie, Montoison, Beaumont, Montéléger, Etoile et La Vache.

L'époque de la grande révolution française ne passa point inaperçue dans Livron; elle réveilla chez ses habitants de vieux instincts assoupis, comprimés, mais non détruits. Leurs transports se donnèrent libre carrière dans les fêtes et les banquets; partout même spectacle de délire et de folie; on eût dit que le patriotisme était stéréotypé, tant ses élans et ses manifeslations offraient d'uniformité et de monotonie. Pleins de rancune pour le passé, ils saluèrent l'avenir avec un enthousiasme intéressé, et se prirent, eux aussi, à regarder les institutions nouvelles comme un gage de liberté, de progrès et de civilisation. J'ignore si leurs illusions ne sont point tombées une à une, et scrutateur téméraire, je n'irai pas, pour continuer les annales déjà si fécondes de Livron, jeter un coup d'œil sur les événements qu'il a vu s'accomplir depuis un demi-siècle. Le récit d'un fait contemporain n'ayant ni le prestige que donne l'éloignement ni l'intérêt qui s'attache à l'inconnu, on ne l'accueille qu'avec indifférence, sinon peut-être avec prévention et défiance. Pour le même motif, je laisse aux chroniqueurs futurs le soin de raconter comment s'effectua le passage sur le pont de la Drôme par les troupes du duc d'Angoulême le **2 avril 1815**.

Le vieux Livron s'offre au touriste sous la physionomie d'une ville saccagée. Point de monument à étudier au point de vue de l'art et de l'antiquité : quelques portes, quelques croisées appartenant au style architectural du xve siècle fixent seules son attention. Mais il existe non loin de ce bourg et sur la route d'Allex un manoir aux allures féodales : c'est le château de La Rollière dont l'existence, sans remonter très-haut, réveille encore des souvenirs qui se rattachent à un temps, à des institutions dont il est bon de garder la mémoire et les enseignements. Parmi les salles autrefois couvertes de blasons et de trophées d'armes, il en est une qui porte le titre de *chambre du roi.* Un monarque a reçu l'hospitalité à La Rollière; voilà le fait. Est-ce Henri III? est-ce Henri IV? La tradition n'en dit mot et laisse le champ libre aux conjectures de ceux qui voudraient éclaircir un événement, du reste, sans grande importance pour l'histoire.

Le nom de Roibon demeuré au domaine situé dans le vaste enclos du château, témoigne de la munificence du royal voyageur envers le membre de la famille de Lancelin qui l'avait reçu. Les exigences du confortable moderne ont fait modifier cette antique demeure; une restauration conforme à nos habitudes accuse hautement le goût éclairé du propriétaire actuel, M. Alfred Blanc-Montbrun, ancien capitaine d'artillerie et membre du conseil général du département de l'Isère.

Des avenues plantées de marronniers ou de peupliers, de belles pelouses, des bosquets, des jardins gracieusement tracés donnent à ce séjour les charmes des plus élégantes *Villas.* Tout à l'entour, il y a tant de solitude, de calme et de poétiques aspects que le touriste oublie bien vite les sites sauvages qui ont frappé ses yeux, avant d'arriver à la Rollière.

Nicolas de Lancelin, sieur de La Rollière, fut anobli par Henri III en récompense des services qu'il avait rendus pendant la guerre civile du XVIe siècle. En 1628, un cadet de La Rollière défendit la place de Cruas contre les attaques du capitaine protestant d'Aubays, qui en avait fait le siége. La garnison, l'abbé, qui était frère du gouverneur, les moines, les

---

(2) *Guerres civiles du Vivarais,* page 258

habitants, hommes et femmes, montrèrent dans cette circonstance un zèle, un courage et un dévouement qui déconcertèrent les huguenots et les forcèrent de se retirer (1). Jean-Antoine de Lancelin ayant cédé ses droits seigneuriaux de Montvendre à Mgr de Cosnac, évêque de Valence, celui-ci, par acte passé le 8 novembre 1666, érige en fief la *Maison-Forte* de La Rollière avec justice haute, moyenne et basse, avec pouvoir d'établir des officiers pour l'administration de la justice dans tout le territoire, tant en matière civile que criminelle. Le prélat se réservait l'hommage-lige, la juridiction sur les grands chemins formant l'enceinte de la seigneurie de La Rollière, ainsi que la connaissance des cas royaux. Les appelations du juge nommé par le nouveau seigneur devaient ressortir de la Cour d'appel de Valence.

Moins heureuse que le château de La Rollière, la *Maison-Forte* de Sablières, située près des murs et au couchant de Livron, a disparu du sol pour faire place à des constructions modernes; les moulins qui en dépendaient rediront longtemps encore le nom de la gentilhommière qui n'est plus.

Livron se compose de l'ancien bourg qualifié autrefois du nom de ville et de plusieurs hameaux disséminés dans la campagne: sa population s'élève à 4,059 âmes dont 2,012 suivent le culte protestant. Il est généralement mal bâti; cependant on remarque sur la route des maisons construites avec un goût, une régularité qui contrastent avec les habitations renfermées dans l'enceinte primitive. En bas, le voyageur est frappé de cette activité, de ce mouvement que donnent l'industrie et le commerce, car il a sous les yeux, ici un martinet pour les ouvrages de taillanderie, là une scierie à marbre, plus loin des fours à chaux, des tuileries, des moulins et de magnifiques établissements où les soies de nos contrées sont ouvrées avec une perfection qui leur assure un écoulement facile et avantageux.

Mais en gravissant le coteau escarpé sur lequel est bâti le vieux Livron, on ne rencontre plus la même animation. La Grand'Rue seule, par l'air d'aisance qui y règne, par la propreté et l'élégance même de ses édifices, par les établissements publics qu'elle possède, peut lutter avantageusement contre les envahissements et le développement rapide du faubourg. Dans les autres parties de l'enceinte semble régner le silence des tombeaux. Les ruelles qui débouchent sur la Grand'Rue se présentent sous un aspect de tristesse que justifient les nombreuses ruines semées sous les pas du touriste et de l'antiquaire. La vue de ces pans de murs, de ces maisons abandonnées, de ces décombres amoncelés sans ordre par les guerres civiles, le jettent dans une profonde rêverie; il se prend à interroger ces débris que lui révèlent des souvenirs de sang et de pillage; c'est tout un drame qui s'accomplit et se déroule sous ses yeux. Les remparts, les tours, le donjon se dressent devant lui; comme autrefois, une population nombreuse s'agite et se remue; il entend crier : Aux armes ! Les habitants volent sur les créneaux; le sang coule, le canon gronde, l'alarme est partout. Mille prodiges de valeur signalent la défense de la place ; puis un drapeau apparaît sur la brèche ; les assaillants pénètrent, et la ville est saccagée... Voilà ce que disent ces pierres, ces ruines, ces vieilles demeures, témoins irrécusables des événements d'un passé qui ne fut pas sans gloire pour Livron.

Le cimetière mérite d'être visité ; c'est que là gisent les ruines de l'antique église de Saint-Prix. Quel tableau émouvant ! Cette croix, symbôle d'espérance, qui protége la fosse du pauvre ; ces pierres tombales, ces monuments tumulaires qui attestent l'orgueil des vivants dans la demeure des morts ! Est-ce bien là que nos distinctions sociales sont appelées à se montrer ? Qu'on creuse ce sol bénit et arrosé de larmes, et le spectacle de l'égalité la plus parfaite se produira dans toute sa force et toute sa vérité. Seule, la maison de prière devrait dominer en ces lieux, et le fanatisme l'a abattue... Tout est ruines au séjour des trépassés, tout y annonce l'instabilité des choses humaines ; il en résulte une harmonie qui frappe les cœurs les plus froids, les âmes les plus insensibles.

Si le voyageur et le touriste veulent des impressions moins tristes ; s'ils sont indifférents au langage mystérieux des ruines, aux souvenirs de la chevalerie, aux légendes du moyen-âge, aux combats, aux siéges soutenus et livrés pendant la période des troubles de la Réforme ; s'ils ne recherchent que la beauté du paysage, les charmes d'un site pittoresque et varié, Livron trouvera encore sa place dans leur *album*.

Le lieu le plus favorable pour jouir, celui d'où se déroule un tableau magnifique et enchanteur, c'est l'emplacement de l'antique citadelle. De là les regards embrassent une des vues les plus étonnantes par l'immensité des lignes, la variété des détails et la singularité des accidents de terrain; de ce point élevé, l'œil saisit dans son ensemble, d'un côté, dans la vallée du Rhône, une étendue de quinze ou seize lieues; de l'autre, dans la vallée de la Drôme, un riche bassin qui se prolonge jusqu'aux montagnes de Saillans. Richesse de végétation, villages perdus dans la verdure des bois ou bâtis en amphitéâtre sur les noirs rochers de l'Ardèche, plaines fécondes, vallées ombreuses, coteaux, montagnes abruptes, tout se réunit pour former la perspective la plus propre à satisfaire l'imagination et à reposer doucement l'esprit et le cœur.

Les campagnes de Livron sont cultivées avec un soin qui dénote un grand développement dans l'agriculture. Il y a dans cette commune, une des plus riches du département, de puissants éléments de prospérité qu'une administration sage et éclairée saura mettre à profit pour donner à ses habitants ce degré d'aisance et de bien-être auquel semblent les appeler leur intelligence du commerce, la position topographique et si avantageuse du bourg, et plus encore l'étendue d'un sol riche et très-productif.

L'abbé VINCENT.

Valence. — Imprimerie de Marc Aurel.

www.ingramcontent.com/pod-product-compliance
Lightning Source LLC
LaVergne TN
LVHW051501090426
835512LV00010B/2270